KB216491

덴카라 플라이

잠잠한 찜

글쓴이 이 재 철

내 무능함을 플라이에 탓하지 말라

 북수힐

들어가면서

어린 시절에는 대개 처음은 버드나무 같은 종류의 막대기로 낚시를 배웠다. 갈고리에 꿈틀거리는 벌레를 달았다.

바짓가랑이는 젖었고 신발은 진흙투성이였으며, 해가 언덕 뒤로 지면 할머니는 저녁 식사에는 늦지 말라 하셨는데, 나는 배고프지도 않았다. 얻을 수 있는 만큼 행복했다.

그렇게 보잘것없고 단순했던 낚시도 꽤 복잡하게 되었다. 지금은 처음같이 돌아갈 수도 없다.

그렇습니다. 더 복잡한 기술이 낚시의 근본적인 단순성을 침범할수록 그 기술은 핵심 가치에서 더 멀어지게 됩니다.

그러므로 가장 단순한 낚시는 시공간을 넘나들며, 반복되는 생성과 소멸의 이야기를 담은 낚시라고 생각합니다.

우리 것으로 흔히 파리낚시라는 제물낚시에 관한 자료가 잘 전승되지 않아 일본의 덴카라낚시를 살펴보기로 했다.

아마 덴카라낚시(이하 덴카라로 표기)를 모르는 낚시꾼들도 많을 것 같다.

덴카라는 매우 인상적인 털바늘을 이용한 긴 역사를 지닌 낚시 유산이며, 이런 낚시의 재발견으로 이제 서구에서 점점 인기가 높아지고 있다.

안타깝게도 우리네도 이와 같은 낚시방법이 있었을 텐데, 그 맥을 짚기가 매우 아쉬울 따름이다.

「잠잠한 찜」은 장대와 고정된 낚싯줄 및 인공 미끼를 사용한 덴카라를 좀 더 세심히 담아 보고자 합니다.

한때는 열목어나 산천어를 낚으려고 먼 산골을 마다하지 않았던 적도 부지기수이었지만 이제는 기운이 달려 도시근교에서 낚을 수 있는 어종에만 관심이 있습니다.

요즘은 쾌청한 날을 만나기가 힘듭니다. 미세먼지와 황사, 여름의 내리쬐는 태양, 겨울의 시린 삭풍과 폭설에 마음이 갑갑할 때가 많지만, 그래도 가끔 평화로운 날을 맞으면 낚싯대 들고 한적한 강가를 잠잠히 견습니다. 마음도 평화로와 집니다.

　덴카라는 장비가 간단하고 도시근교의 하천에서 작은 어종들을 상대하기에 딱 좋습니다. 그래서 코로나 19 이후로는 덴카라로 하루하루 즐겁게 보내기를 기대합니다.

　어제보다 나은 오늘, 달라질 내일을 꿈꿉니다.

날마다 하루는

반가운 초대

아침이 밝아 오면

새로운 삶이 당신을 기다린다.

눈부시고 다채로운 삶이.

낡은 하루가 가고

새 하루가 찾아왔다.

오늘 하루가 어떤 하루일지는

당신에게 달려있다.

안젤름 그륀Anselm Gruen의 「하루를 살아도 행복하게」

2024年 三伏 中 釣人 在徹

차례

장대 낚시와 덴카라 낚시

장대 낚시는 고대 이집트에서 시작되었지만 거의 모든 문화권에서 어느 정도 같은 형태이다. 모두 긴 막대, 고정 낚싯줄, 자연 미끼와 갈고리 등을 사용합니다.

장대 낚시가 성공할 수 있었던 것은 아마도 적당한 대나무나 회초리 또는 나무의 유연한 가지를 자른 낚싯대를 가지고 낚시하러 갈 때 낚싯줄과 갈고리만 가지고 다니기만 하면 되었기 때문일 것이다.

그러나 일부 문화권에서는 긴 줄만 사용하여 손으로 감아 들이는 방법을 채택했기 때문에 막대를 만들거나 들고 다닐 필요가 없었다. 다른 문화권에서는 물고기를 수확하기 위해 그물을 개발했고, 다른 문화권에서는 날카로운 나무 창을 사용하여 물고기를 찌르는 창을 개발했다. 끝이 금속으로 된 창과 머리가 여러 개인 삼지창도 등장했다.

일본의 장대 낚시는 전통적인 민물 플라이낚시법으

로, 12세기경부터 스포츠로 사용되었다.

　이 스타일에는 두 가지 미묘한 변형이 있었다. 하나는 싱커 장비에서 님프 스타일의 웨트 플라이 여러 개를 사용하였다. 9~11 m 기다란 장대 낚싯대에 4~5 m의 짧은 낚싯줄에는 서너 마리의 플라이가 있는 가는 목줄을 사용하여 낚시했다. 한쪽 끝에는 싱커 플라이가 있었고 다른 쪽 끝에는 또 다른 드로퍼 플라이가 있었다. 그리고 다른 하나는 일부 지역에서 변형되었는데, 일반적으로 무게가 없는(즉, 드로퍼 또는 싱커 플라이가 없는) 플라이 팁을 내려놓기 위해 작은 추를 사용했다. 오늘날의 고등어 깃털 세트와 유사하다. 무게가 없어 사용할 때 낚시꾼은 낚싯대로 손을 뻗고 낚싯대가 하천의 원하는 위치에 이르러면 낚싯줄과 플라이를 부드럽게 물속으로 내려놓는다. 낚시꾼은 닿을 수 있는 곳에 도달할 때까지 반복하며, 낚싯줄은 호(弧) 모양으로 그리며 물고기가 있는 곳으로 지나가게 플라이를 표류시킨다. 이 스타일은 주로 은어, 황어, 작은 잉어를 잡는 데 사용되었지만, 해안 낚시에도 사용되었다. 이 스타일을 사용하면 흐름에 따라 플라이를 표류할 수 있으며 놀라울 정도로 효과적이다.

가중(加重) 라인 스타일은 훨씬 느리고 물 접근에서는 거의 정적(靜的)이다. 별도의 줄에 있는 플라이는 작은 곤충 떼처럼 물의 흐름에 따라 움직인다. 이것은 특히 느린 하천과 강의 잔잔한 물에서 물고기를 끌어들인다.

낚시기술이 더욱 세련됨에 따라 무술과 칼싸움 연습이 금지된 에도시대의 사무라이들은 이러한 유형의 낚시가 훈련을 대체할 수 있는 좋은 방법이라는 것을 알게 되었다.

긴 막대는 검의 대용으로 훌륭했고, 작은 시냇가의 바위 위를 걸으면서 다리 근력과 균형 훈련을 할 수 있었다.

사무라이는 400년 전부터 매우 긴 막대와 플라이 한 마리를 사용하여 은어 낚시를 연습했다.

서양의 플라이낚시처럼 플라이 캐스팅이 꼭 필요한 것은 아니지만, 물고기가 어디에 있는지 알고, 올바른 플라이를 사용해서 다루는 낚시꾼의 기술이 중요했다.

이 사무라이 낚시꾼들은 플라이에 헝겊 조각과 양모를 입히고 이를 사용하여 물고기를 속일 수 있었다.

사무라이들만 이런 방식으로 낚시할 수 있었고, 낚

시하지 않을 때는 바늘과 플라이(게바리), 낚싯줄 등을 모두 손으로 직접 만들며 시간을 보냈다.

장대 낚시가 아마도 역사상 덴카라와 가장 가까운 조상이라고 생각합니다.

낚싯대가 더 짧아지고 캐스팅이 개발되었으며 멀티보다 싱글 플라이가 더 자주 사용되었지만, 서로 유사한 점은 여전히 볼 수 있습니다.

새로운 덴카라 스타일이 개발됨에 따라 귀족층이 이를 채택하게 되었으며, 여기에는 물론 사무라이도 포함되었다. 덴카라가 발전함에 따라 은어 낚시의 도모쯔리라는 또 다른 낚시 스타일도 발전했다.

도모쯔리는 일본에서 여전히 행해지고 있고 아마도 오늘날 일본에서 가장 값비싼 낚시 형태 중 하나일 것입니다.

은어 낚시는 매우 긴 낚싯대를 사용하여 이루어진다. 10 m 길이는 드문 일이 아니며 살아있는 은어를 미끼로 사용한다. 콧구멍에 고리를 달고 미끼의 뒷지느러미에 갈고리를 둔다. 이 뒷지느러미 갈고리는 미끼를 공격하는 물고기를 잡는 데 사용된다. 은어는 공격적이고 종종 뒤에서 다른 물고기를 공격하기 때문입니

실크 아이의 전통적인 덴카라 플라이

다. 이것이 아마도 현대 낚시용 루어가 탄생한 방식이 었을 것이다. 루어는 살아있는 미끼와 그다지 다르지 않았다.

현대적인 낚시 루어는 다양한 색상, 모양, 크기 및 유형으로 제공된다.

덴카라는 약 200년 전에 장대 낚시의 자연스러운 진화로 일본에서 시작되었다. 낚시꾼들은 생미끼가 아 닌 인공 미끼인 게바리를 사용하여 계곡과 호수에서 낚 시하고 있다.

전통적인 덴카라 플라이는 비단 눈을 가졌다. 앞서 말했듯이, 아마도 사무라이가 민첩성을 유지하고 빠른 반응을 유지할 방법은 낚시를 단순히 음식을 위한 낚시 가 아닌 스포츠로 대중화시켰고, 그로 인해 다른 일본 귀족들에게도 인기를 끌게 되었다.

이제 무기를 만들 필요가 없게 된 무기 제작자는 낚싯대 부분을 서로 연결하기 위한 금속 부품을 만드는 일에도 손대었다. 이 때문에 다른 장인들도 상아와 자개를 맞춤형 낚싯대 손잡이에 박아 넣고, 작은 물고기 바구니, 낚시 도구 상자를 만들었다.

낚싯대는 실제로 그 자체로 정교하고 화려한 예술 작품이 되었다. 고도로 광택이 나는 래커 처리된 낚싯대와 다양한 유형의 상감이 추가된 손잡이도 출현 되었다. 낚싯대에 강철, 철, 심지어 금 또는 은색 나사 금속 페룰 조인트가 사용되었다.

플라이 개발과정과 제작과정은 매우 단순했지만, 일부 플라이에는 금박을 추가하여 더 매력적으로 만들어졌고, 특정 물고기를 유인하기 위해 만들어졌다. 유리섬유 및 탄소섬유와 같은 현대 소재를 꼬아 만든 라인, 모노필라멘트 또는 불화탄소와 같은 합성 라인을 사용하는 것을 제외하고는 그 이후로 실제로 변한 것이 거의 없었다.

박물관에서 덴카라에 관한 유물이 많이 전시된 것을 보았다. 대나무와 쪼개진 대나무 낚싯대, 태클/플라이 박스, 아주 화려한 것부터 기본적인 것까지 다양했다. 일부는 귀족 계급의 귀중한 소유물이었고, 다른 일부는 여전히 생계유지 때문에 어업을 하는 어부들의 소유물이지만, 모든 품목이 덴카라의 진화에 깊이 뿌리를 두고 있음을 알 수 있었다.

덴카라의 이해

본래 플라이낚시는 영국에서 유래되었다. 플라이낚시는 옛 영국의 모든 매력이 담겨서 조금씩 발끝으로 전세계를 정복했다. 프랑스 사람들은 플라이의 메시지를 가장 먼저 이해했으며, 탁월한 최첨단의 기술을 사용하여 아름다운 낚시 환경에 적용했다. 그 이후 이탈리아를 포함한 모든 유럽에서 이 길을 따랐다.

우리는 그것을 처음에는 소수의 사람에게만 국한된 낚시기술이었다고 인식했다. 장비값은 너무 비쌌고, 플라이에 대한 지식은 깊지 못했고, 낚시행위도 용어만큼 이해하기 어려웠다. 그래서 대다수 사람은 플라이낚시를 엘리트낚시로 간주했고 이를 실행하는 사람들은 종종 자신의 기술을 과시하기도 했다.

일반 대중들은 플라이낚시를 멀리했지만, 다행히 지금은 상황이 바뀌었다.

플라이낚시를 알게 되면서 낚시에 대한 개념은 완

전히 바뀌었고, 어떤 물고기를 잡는지가 아니라 어떻게 잡는지가 중요하다는 것을 알게 되었다. 그런데 전혀 예상하지도 못한, 또 다른 기술의 이름이 발끝에 나타났다.

덴카라 …? 처음에는 그다지 중요하게 생각하지 않았다. 하지만 몇 년이 지나서야 불쑥 생각나게 되었다. "이것은 매우 멋지고 우아하며 매력적"이라고 생각했다. 플라이낚시보다 덴카라가 훨씬 더 쉽다는 것을 인식하게 되었다. 플라이낚시에서는 다양한 하루살이, 님프, 리더 등을 직접 자작하는 데 시간이 너무 부족했다.

덴카라에는 이런 일이 일어나지 않았다. 왜냐하면, 모든 것이 더 실용적이고 단순하며 덜 까다롭기 때문이다. 나의 겸손한 의견은 낚시가 성공하려면 단순해야 한다. 플라이낚시를 배우는 데 가장 쉬운 방법은 바로 덴카라를 배우는 것입니다.

일본어의 덴카라는 "하늘에서" 의미로 털바늘이 수면에 부드럽게 착수하는 것을 상징한다. 덴카라에서 꼭 필요한 장비로는 낚싯대, 낚싯줄, 털바늘(게바리)만 있으면 된다. 이것은 시간이 지나도 거의 변하지 않았고 많은 낚시꾼에게 덴카라가 가지고 있는 특별한 매력 중

하나이다. 다시 말하면, 덴카라는 고대 일본의 플라이 낚시로, 오늘날에도 여전히 실행되고 있다.

덴카라를 이해하는 데 가장 손쉬운 방법은 원래 덴카라 낚시꾼을 살펴보는 것이다. 그들은 낚싯대, 낚싯줄, 털바늘(게바리)만 있으면 되었다. 그 외에는 아무것도 필요하지 않았다. 결국, 오랫동안 덴카라 낚시꾼은 다른 것들은 사용하지 않고도 성공을 거두었다. 그리고 그것은 덴카라의 본질 중 하나이다.

기술이 장비보다 더 중요하다는 것을 깨닫게 되면 낚시를 단순하게 만들고 낚시경험에 새롭고 매혹적인 차원을 더 높이는 데 큰 도움이 된다.

게바리는 곤충 모방을 덜 강조하고 올바른 프레젠테이션presentation(보여주기)의 중요성을 더 강조한다. 덴카라는 몇 마리 게바리 보다는 한 마리 게바리를 선호할 수 있으며 물고기를 잡기 위해서 올바른 프레젠테이션에 의존한다.

덴카라에서 무게를 가중(加重)하지 않은 게바리를 가라앉히기 위해서 흐름의 유체역학을 더 신중히 고려해야 한다.

완전히 실용적인 관점에서 볼 때, 덴카라에 대해 가

장 매력적인 점은 스텔스stealth(은밀)라고 생각한다.

매우 유연한 팁tip(끝)을 가진 낚싯대를 사용하면 초경량 캐스팅 라인으로 낚시할 수 있다. 이것은 물을 때려서 물고기를 놀라게 하는 무거운 플라이 라인은 전혀 없다. 덴카라 낚싯대로 얕은 물에서 물고기를 잡을 때 이 사실에 눈이 떠진다. 그것은 플라이낚시 장비로써 물고기들을 너무 많이 겁을 주었다는 사실이다. 이것은 덴카라에 가장 중요한 실용적인 측면이라고 봅니다.

처음에 몇 가지 이유로 덴카라의 매력을 느꼈지만, 효과적이고 이론적으로 즐거운 낚시법이라는 생각이 들기 때문에 덴카라를 더욱 고수(固守)하고 있습니다.

덴카라 플라이

일본어로 게바리는 털바늘을 일컫고 이것을 덴가라 플라이라 하기도 한다.

게바리는 후크에 감은 깃털로써 인위적으로 모방한 곤충을 묘사한다.

게바리는 후크, 묶는 실, 부드러운 깃털(보통 꿩이나 닭)만으로 구성된 매우 간단하게 묶인 웨트 플라이wet fly(젖은 플라이) 이다.

서양 플라이 패턴과는 대조적으로 해클은 생크에 수직이나 후크 밴드hook bend 쪽을 향하지 않고 후크 아이hook eye를 향해 비스듬하게 묶여있다.

결과적으로 소프트 해클soft hackle은 물속에서 아주 조금만 잡아당겨도 매혹적으로 맥동을 한다. 이 맥동은 아마도 물고기가 플라이를 물게 하는 동기를 부여한다.

오늘날에 앞쪽으로 향한 리버스 해클reverse hackle의 유명한 사카사 게바리의 종류와 버전이 셀 수 없이 많다. 이것을 흔히 덴카라 플라이라 부른다.

만들기도 매우 쉽기 때문에 자신만의 플라이를 묶어보고 싶은 낚시꾼이라면 작업대 앞에 앉아서 직접 만들어 보는 것도 꼭 권장합니다.

낚시꾼은 낚싯대를 치켜들고 가능성이 큰 지점에 게바리를 가볍게 내리고 올린다. 게바리는 곤충 모방을 덜 강조하고 프레젠테이션을 훨씬 더 강조한다.

전통적인 덴카라 플라이는 매우 간단하고 소비하는 재료의 양을 최소량으로 해서 묶는다. 따라서 전통적인 덴카라 플라이 패턴에서는 과도한 옷을 입은 플라이 패턴은 볼 수 없다.

일본의 전통 문양만 집중적으로 살펴보면 다시 한 번 단순함과 최소량(最少量)이 적용되고 있음을 알 수 있다.

덴카라 낚시꾼은 주어진 시간에 어떤 패턴을 사용할지 고민하기보다는 플라이를 더 정확하게 캐스팅하고 조작하는데 더욱 중점을 둔다. 이것은 "해치 더 매치hatch the match(인공 플라이를 하천에 존재하는 자연 곤충과 일치시키려는 노력)"이라는 서양식 플라이낚시 방식과도 같은 관습이다.

덴카라 낚시꾼에는 두 가지 부류가 있다. 첫째는 일본의 전통 플라이 패턴만을 사용한다. 둘째는 최소의 게바리로 재설계된 일본식 패턴과 서양식 패턴을 모두 사용한다.

그렇지만 서양식 패턴에서 유래되었지만 덴카라 플라이에 적용된 패턴은 점점 인기를 얻고 있다.

덴카라 낚싯대로써 모든 서양식 플라이 패턴을 사용할 수 있지만, 무겁고 부피 큰 플라이 패턴은 적합하지 않아서, 은밀함과 정확성이 떨어져 실망할 가능성이 크다. 그래서 덴카라 낚싯대에서는 플라이 선택은 어떤 패턴보다도 크기가 훨씬 더 중요한 역할을 한다.

플라이 낚시꾼은 물고기에게 잠재적인 먹이로 착각할 수 있는 동시에 거부하지 않을 만큼 자연스럽고 매력적으로 보이려는 무언가를 제공하는 것이 목표이다.

덴카라 낚시꾼은 뭔가 작동하지 않을 때도 플라이를 바꾸는 대신 한 마리의 플라이 패턴을 고수하는 경향이 있음을 종종 관찰할 수 있다.

나는 물속 벌레를 살펴서 그것을 모방하도록 배웠는데 덴카라 낚시꾼은 해치 더 매치에 신경을 쓰지 않는 것에 의심이 생겼다. 그런데 해치 더 매치에 별 관심

덴카라 플라이 도표

	부드러운 해클		뻣뻣한 해클
	긴 해클	짧은 해클	짧은 해클
정형	암꿩 실크, 울 얀, 더빙	암꿩, 참새 울 얀, 피콕 헐	수탉 코튼, 실크, 울 얀, 피콕 헐
역형	암꿩 두꺼운 몸체	암꿩 가느다란 몸체	수탉 가느다란 몸체
몸체는 코튼, 실크 또는 울 얀 더빙(wool yarn dubbing) 또는 피콕 헐(peacock herl)로 만든다.			

없이 수 세기 동안 물고기를 잡아 온 덴카라 낚시꾼의 이야기를 들은 뒤로는 플라이에 대한 생각이 달라졌다. 그래서 플라이가 개울에서 가장 흔한 먹이와 일치해야 한다는 생각보다 덴카라 낚시꾼처럼 기술이 더 중요하다는 것도 믿게 되었다.

다양한 방법으로 플라이 조작 기술에 열중하고 익혔다. 시간이 걸렸지만, 물고기를 덜 낚는다는 느낌은 전혀 받지 못했다. 특정한 날이나 특정한 하천에서 해치 더 매치해야 한다고 말한 몇몇 낚시꾼들과 같이 낚시한 적이 있었는데 그들과 같지 않을지라도 그들이 잡은 이상 수확할 수 있었다.

　한 철학이 다른 철학보다 더 장점이 큰지 결코 알 수 없다. 고려해야 할 변수가 너무 많습니다.

덴카라의 매력

낚시채비가 간단하고 필요한 것은 장대, 낚싯줄, 목줄, 털바늘 뿐이다. 플라이낚시처럼 복잡한 라인 시스템도 필요하지 않다. 캐스팅의 기본을 기억하면 즉시 실시할 수 있는 것이 매력이다. 또 수면에 뜬 털바늘에 물고기가 공격하는 모습을 보면 매우 흥분되는 것도 덴카라의 묘미이다.

원래 덴카라는 산골의 개울에서 발전했다. 그곳은 경사가 급하고 자갈 바닥이 많으며 물은 차갑고 산소가 풍부했다. 빠르게 흐르는 물에 물고기는 먹을 시간이 충분하지 않아 1초도 안 되는 순간에 무엇을 먹을지 말지를 결정해야 한다. 이러한 이유로 플라이 패턴은 단순한 유발 특성으로 제한해 모방한다면 충분했다.

사실, 전통적인 덴카라 플라이는 특별히 물에 사는 곤충을 모방하기 위한 것은 아니었다.

수역은 대개 너비 5 m 및 깊이 1 m 미만이므로 낚시하기가 훨씬 쉽다. 물이 맑고 수심이 얕으므로 육안으로도 물고기를 볼 수 있는 경우가 많아서 특수 선글라스가 매우 유용하다.

선호되는 위치는 무엇보다 물살로부터 충분한 그늘을 제공할 뿐만 아니라 위에서 포식자로부터 보호받을 수 있는 특징이 있다. 물고기는 돌이나 죽은 나무 뒤나 아래에서 발견된다. 물고기를 잡으려면 플라이를 겁주지 않고 물고기의 시야 내에 놓아야 한다.

물고기에 던지는 주요 위치와 자세가 있다. 목표는 물고기의 주의를 자신에게 끌지 않고 플라이를 물고기의 시야 안으로 가져오는 것이다. 물고기에 접근할 때는 극도의 주의가 필요하다.

수심이 얕을수록 물고기의 시야가 넓어진다. 말하자면, 레이더를 피하려면 물과 더 많은 거리를 유지하거나 자신의 모습을 줄이는 것이 도움이 된다. 조심성이 많은 물고기의 경우에는 무릎을 꿇고 물고기를 향해 기어가야 한다. 특히 이른 아침이나 늦은 저녁에 긴 그림자는 물고기에게 자신의 존재를 경고할 수 있다. 그러므로 항상 자신의 그림자가 어떻게 떨어지는지 살펴보고 필요한 경우 약간 우회해야 한다. 자신의 그림자로 물고기를 놀라게 하지 않을지라도 확실히 더 높은 경계상태에 놓이게 될 것이다. 이 상태에서는 물고기가 먹는 데 관심이 적어서 플라이에도 관심이 없다.

물고기가 먹기 쉬운 느린 속도로 털바늘을 흘리는 것은 덴카라의 탄탄한 디딤돌이다. 그렇게 흘릴 수 있는 포인트 판단, 위치 선정, 낚싯대 조작으로 라인 제어를 할 수 있게 되면 덴카라에서의 기량과 재미는 비약적으로 향상된다.

구불구불한 라인으로는 정확한 캐스팅이 불가하므로, 실제로 낚시하기 전에 라인을 똑바로 펴기를 확실히 하는 것이 중요하다. 직진성의 장점은 플루오로카본 fluorocarbon(탄화플루오로) 라인의 장점이다.

낚싯대는 하루 내내 흔들어도 손목에 부담이 가지 않는 경량성은 필수이고, 핀-포인트에 털바늘을 화살처럼 쏘는 데 직진성과 조작성은 침투향상이 도모된 가는 장대이어야 한다. 또한, 그립grip은 독창적 특징 때문에 취급에 익숙한 낚시꾼에게 덴카라를 즐기려는 데 최고이다.

물고기의 활성 체크는 털바늘의 크기, 색깔, 시인성이 중요하다. 반응이 나쁠 때는 털바늘의 탄력과 크기

를 줄여나가며 벌레에 가까운 흑색이나 갈색을 고려한
다. 털바늘은 수면에서 뜨는 낚시지만, 반응이 둔하면
가라앉는 낚시로 전환한다.

털바늘이 흐르는 속도는 초속 20~30 cm 천천히 흘
리면 물고기 반응이 향상된다. 낚싯대를 흔들며 이동하
는 것은 경계심으로 연결되기 때문에 금지한다. 혼자
목표 장소를 차지하는 경우에 털바늘이 먹히지 않을 때
는 털바늘의 크기를 줄여서 대응한다. 털바늘을 10번
에서 12번으로 사이즈 다운합니다.

가능한 한 움직이지 않고 탐색하는 것이 이상적이
지만, 움직이면 낭패되기 때문에 주의합니다. 털바늘을
흘리는 거리는 유속이나 수심에 따라 변하며 물고기가
쫓는 시간을 생각하는 것이 중요하다. "아래에서 앞으
로" 의식하면 입질은 크게 향상된다.

물고기는 바닥에 있는데, 상류에서 직접 흘러도 빠
른 흐름으로 밀려 털바늘이 바닥에 닿지 않으므로 유속
이 느린 겉쪽에 투입해서 털바늘을 가라앉혀서 빠른 유
심에 보내 바닥에 확실히 닿을 수 있게 하면 바닥을 파
악할 수 있다.

포인트(물고기에 닿는 곳)에 털바늘을 투입해 몇 번의

플라이 조작으로서 반응이 나타나는 경우도 많고, 털바늘의 흐름 방법이 바뀌면 반응이 나타나는 경우도 많아 하류에서 찾은 포인트는 상류에서도 체크해 봅니다.

포인트 판별과 흘리는 방법은 물고기가 머무르고 있는 깊은 포인트로 천천히 털바늘을 보낼 수 있는 투입 지점을 파악하는 것도 중요하다.

포인트에 털바늘을 직접 넣으면 물고기가 깜짝 놀라 흩어질 가능성이 커진다. 또한, 빠른 흐름에 털바늘을 넣는 즉시 흘러가서 포인트에 닿을 수 없게 된다.

굵은 목줄은 털바늘의 움직임을 방해하는 요인이 되기 때문에 0.8호 정도가 기본이 된다. 그러나 나무에 걸리거나 대물들의 강력한 타격에는 굵은 목줄은 안심이 됩니다.

털바늘에서 중요한 것은 모양보다 해클의 크기나 양과 색깔이다. 물고기에게 위화감을 주지 않는 것을 고려해서 반응이 없을 때는 쏘는 횟수를 늘리면서 플라이 조작이 유효합니다.

플라이 조작은 낚싯대와 낚싯줄이 아주 조금만 움직여도 플라이가 물속에서 매혹적 맥동(脈動)으로 공격을 유발한다. 큰 움직임은 위화감으로 이어지므로 주의가 필요합니다.

　플라이 조작은 솜털처럼 부드러운 털바늘의 해클에 맥동을 주는 것이 기본이다. 덴카라 낚시꾼은 최선의 프레젠테이션에만 만족하지 않고, 성공 확률을 높이기 위해서 털바늘에 추가 애니메이션을 적용합니다.

　털바늘에 약간의 생명을 불어넣으려면 낚싯대 끝을 살짝 들어 털바늘을 잠시 잡아당긴 다음 다시 표류하게 한두 차례 반복하면 됩니다. 이 맥동으로 털바늘에 물고기의 주의를 끌게 합니다.

　대부분 물고기에게 이 맥동은 먹이를 낚아채는 주요 자극이 됩니다. 게다가, 움직이는 물체는 물고기에 의해 더욱 빨리 인식된다.

　털바늘 안내는 물고기가 머무르고 있는 위치와 관련하여 측면에서 수행하는 것이 가장 좋습니다. 털바늘이 하류로 표류하면 표류하는 털바늘에 대해 더 간접적인 자극을 받게 됩니다. 즉, 낚싯대와 목줄이 도달하는 지점에서 흐름은 털바늘과 함께 목줄을 위쪽으로 밀어냅니다. 때가 맞아서 바닥에서 많은 수생곤충이 솟아오르면 떠오르는 털바늘이 먹이로 오인될 수도 있다.

　더 깊은 곳에서는 털바늘이 방해받지 않고 가라앉

을 수 있도록 캐스팅한다. 목줄이 도달 한계에 도달하면 낚싯대를 가만히 잡고 흐름이 털바늘을 위로 밀어 올리도록 한다. 여기서 약간의 활기를 더할 수도 있다.

이제 물기를 기다리세요! 상황은 털바늘을 일시 중지하는 것과 비슷하다.

이 방법을 사용하면 털바늘이 계속 움직이지 않고 아주 잠깐 멈추기만 할 뿐입니다.

이는 스위밍swimming-브레이크 드라이빙brack driving, 스위밍-브레이크 드라이빙 등의 반복 리듬을 만들어 낸다.

그러나 리듬이 불규칙할 수 있으므로 흐름을 거슬러 헤엄치려는 수생곤충의 모방이 완벽할 것이다.

자신의 위치가 하류, 즉 물고기가 머무르고 있는 아래이면 당연히 털바늘은 생명 없이 표류하도록 해야 한다. 영어로 데드 드리프트Dead Drift라고 한다. 털바늘은 물고기 앞쪽으로 최대한 멀리 착수하도록 하고 물고기 옆을 지나 표류하게 한다. 그러나 낚싯대는 완전히 움직이지 않게 유지한다.

털바늘이 너무 많이 움직이면 흐름 방향에 따라 속도가 빨라지는데 털바늘을 당신 쪽으로 당기고 있으며 그것은 자연스러워 보이지 않습니다.

플라이 안내의 약간 다른 변형은 더 큰 젖은 플라이나 작은 스트리머에 적합하다. 흐름으로 인해 털바늘은 짧은 거리(20~30 cm 정도)로 끌려갔다가 다시 유인되며, 털바늘이 시야에 들어오면 몇 걸음 앞으로 나아갔다가 다시 캐스팅합니다.

털바늘을 안내하는 세 가지 방법에는

첫째 목줄이나 털바늘에 장력이 없는 데드 드리프트Dead Drift한다. 이것을 위해 낚싯대 끝은 가능한 한 오랫동안 털바늘을 따라갑니다.

둘째 털바늘이 멈추는 것과 표류하는 것 사이의 지속적 맥동을 의식합니다.

셋째 정지와 주행 사이를 전환할 때 식별이 가능한 리듬은 없습니다.

이 기술을 완벽하게 익힌 전문 덴카라 낚시꾼 한두 명쯤 있을 거라 확신합니다. 많은 것을 잡으려는 사람은 누구나 가능한 한 성공할 수 있는 프레젠테이션 방법을 선택할 것입니다.

개울은 시간과 평화를 갖고 탐험해야 합니다. 보상으로, 언뜻 보면 무시했을 수 있는 물고기가 머무는 장

덴카라 전용 낚싯대

액션	전장 (m)	절수	접은 길이	자중 (g)	선경 mm	원경 mm	목줄 (호)	탄소 (%)
6:4	3.15	7	57	50	0.65	9.2	0.8–1.2	97
6:4	3.60	8	57	60	0.65	10.6	0.8–1.2	98
6:4	4.00	9	57	70	0.65	11.9	0.8–1.2	98
7:3	3.15	7	57	55	0.65	10	0.8–1.2	98
7:3	3.60	8	57	65	0.65	11.6	0.8–1.2	96
7:3	4.00	9	57	80	0.65	13.2	0.8–1.2	96

소를 찾을 수도 있습니다.

덴카라 낚싯대는 하천의 규모에 따라 선택하고, 캐스팅 용이성을 중시하면 6:4, 제어나 조작성을 중시하면 7:3의 액션을 선택한다.

이를테면, 작은 계류에서 낚싯대 7:3, 3.15 m와 레벨 라인 오렌지색상 2.5호 3 m와 목줄 투명한, 0.8호 80 cm를 연결해서, 털바늘 12번을 묶은 채비로써, 핀-포인트pin-point에 쏘는 캐스팅이 목표라면 덴카라 전용 장대를 참고하는 것이 좋을 것 같습니다.

단발성 플라이

물고기를 잡으러 어디든 갈 수 있고 플라이 박스 한 개를 가지고 다닐 수 있게 되면, 해치에 관한 책을 참고할 필요도 없고, 개울에 닿기 전에 어떤 것이 부화하는지 물어볼 필요도 없다. 그러므로 낚시할 때는 낚시만 하고 물고기가 무엇을 먹고 있는지에 관심을 두지 않는다.

실제로 합리적인 크기 내에서 단발성 플라이는 "어떤 플라이든 괜찮다."라는 접근방식을 취하는 것이 덴카라 플라이(게바리)의 가장 자유로운 측면이다.

저는 전통적인 덴카라 패턴을 많이 사용하는데, 가장 많이 사용하는 사카사 게바리 패턴은 가볍고 밝은 색상이며, 효과도 좋았다.

킬러 버그Killer Bug 및 킬러 게바리Killer Kebari 패턴은 전통적인 덴카라 패턴은 아니지만 둘 다 좋아하는 패턴이다. 전통적인 사카사 게바리 패턴은 낚시꾼이 조작할 수 있도록 디자인되었고 매우 효과적이지만, 서양 드라이 플라이 패턴은 그런 식으로 설계되지 않아 이점이 적다.

낚시꾼의 조작 측면에서 데드 드리프트dead drift는 서양의 드라이 플라이 패턴에서 수면에 조작할 수 있는 것과 동일 표면 아래에 소프트 해클 패턴을 제공하지 않는다. 그래서 저는 이전보다 덴카라 패턴을 사용하여 서양 드라이 플라이 패턴에 더 성공적이었다.

덴카라의 긴 낚싯대와 짧은 라인 시스템을 사용하면 라인을 물에서 멀리 벗어나게 할 수 있고, 더 쉽게 드랙drag(끌림)이 없는 드리프트drift(표류)를 할 수 있으므로 라인 맨딩mending(개선)할 필요가 없다. 또한, 중거리 및 단거리 캐스팅을 통해서 더 정확하게 플라이를 전달할 수 있다.

덴카라 플라이는 해클의 섬유가 역방향인 것을 제외하면 서양에서 수 세기 동안 사용한 날개가 없는 소프트 해클 웨트 플라이Soft Hackle Wet Fly와 똑같다. 덴카라 플라이는 실제로 서양 플라이 킬러 버그Killer Bug를 개조한 킬러 게바리Killer Kebari이다. 단지 해클이 추가되었다.

잔잔한 물에 천천히 표류하는 컴파라 던Compara Dun, 켓스킬 플라이Catskill Fly, 엘크 헤어 캐디스Elk Hair Caddis, 시디시 엘크CDC Elk도 같은 변형 덴카라 패턴에 적합하다. 캐스팅이 잘되고 여러 상황에서도 잘 작동하는 다재다능한 플라이로서 적합하기 때문이다.

대부분 사람은 덴카라 플라이에 대해 말할 때 역형 해클을 떠올린다. 그 중에도 사카사 게바리를 좋아한다. 왜냐하면, 정확성 및 프레젠테이션에 더 집중해야 하기 때문이다. 사카사 게바리는 이를 염두에 두고 설계되었고 다른 어떤 것보다 더 나은 성능을 발휘한다.

정확성과 프레젠테이션은 드라이 플라이낚시의 모든 것이고 덴카라 낚싯대를 사용하면 이것은 훨씬 쉬워진다. 물속에서 관리해야 할 낚싯줄이 없으니까 프레젠테이션이 훨씬 더 좋아진다.

그리고 후크 셋hook set(챔질)을 위해 물 밖으로 많은 낚싯줄을 끌어당겨 낼 필요가 없어서 헛챔질 할 횟수가 훨씬 더 적어진다.

선택해야 할 게바리 패턴이 너무 많을 때 어떤 게바리를 사용해야 하는지에 대한 논리가 있다면 그중 하나는 무엇일까요?

게바리의 크기 비교

작은 경우≥ #12 검정 게바리 ≤큰 경우	
밝은 햇살	흐리고 따뜻함
낮은 흐름(간조)	높은 흐름(만조)
잔잔한 물결	높은 물결
순풍에 돛 달듯 말듯 높은 어류 밀도	낚시 압박에 의한 낮은 어류 밀도
낚시 압박 높다 (케치 앤 릴리즈)	낚시 압박 낮다 급하게 먹기
장소와 계절의 평균보다 더 덥거나 추운 날씨	큰 먹이 메뉴 (어류 또는 큰 무척추 동물)
보통 적은 해치	더 많은 해치
장소의 평균 상태 보다 맑은 물	무게가 없는 게바리로 강한 물에서 깊은 수심
드문드문 해치지만 적극적인 입질	드문드문 해치지만 소극적인 입질

게바리는 빠르게 흐르는 물, 자양분이 부족한 물에서 매우 효과가 커서 어떤 종류의 게바리를 사용하든 상관없으며 모두 물고기를 속인다. 빠른 물에서는 더 단단한 해클과 더 큰 후크가 좋다. 반대로 느린 물에서는 부드러운 해클과 더 작은 후크를 사용하는 것이 좋다.

곰곰이 생각해 보면 게바리는 빠른 물에 꼭 맞는 전통적인 서양식 소프트 해클 일뿐이다.

게바리의 생명은 움직이는 해클이다. 물고기들은 그것이 무엇인지 모르지만 해클이 닫히고 열리는 맥동 때문에 입에 넣을 것이다.

잠잠한 띔

물고기에게 플라이를 은밀하고 자연스럽게 보여주는 것 외에 덴카라 낚시꾼은 액션을 전달하고 입질을 유도하기 위해 플라이 조작 기술은 필수이다.

데드 드리프트dead drift(자연스러운 표류)의 덴카라 장점으로써 탁월한 플라이 조작을 통하여 충분한 액션을 전달하는 기술은 예술이다.

웨트 플라이, 님프, 스트리머처럼 물속에서 작동하는 플라이로 낚시할 때는, 곤경에 빠진 벌레나 피라미의 형상을 주기 위해 포식어에서 도망치거나 어떤 부상을 겪어 불규칙한 행동을 취하게 한다. 빠르게 트위치twitch(움찔하기) 했다가 천천히 당겼다가 표류하게 한다.

벌레나 피라미의 취약성은 포식어의 먹이 충동을 촉발한다고 생각합니다.

표적 물의 상류 끝에 플라이를 던지고 하류로 표류하기 시작할 때 플라이가 몇 센티 가라앉도록 합니다.

그런 다음 낚싯대 끝의 아주 작은 움직임으로 플라이가 몇 센티 위로 올라갔다가 다시 아래로 떨어졌다가를 두어 번 합니다. 플라이는 물고기의 주의를 끄는 이상하고 도발적인 작은 춤을 춥니다.

덴카라 전통주의자는 대부분 플라이 조작을 사용합니다. 낚싯대와 낚싯줄을 아주 조금만 움직여도 플라이가 물속에서 매혹적 맥동脈動(해클의 열림과 닫힘)으로 공격을 유발합니다.

이 기술은 매우 쉽지만 망치기도 매우 쉽습니다. 핵심은 섬세해야 한다는 것입니다. 낚싯대를 너무 많이 움직이고 싶지는 않습니다. 올바르게 수행되면 관찰자는 낚싯대를 움직이고 있다는 사실조차 알아차리지 못해 나는 잠잠한 꾐이라 하고 싶습니다,

플라이는 3~8 cm만 움직여야 합니다. 이것은 낚싯대 핸들을 꽉 쥐었다가 놓으면 충분합니다. 플라이를 너무 많이 움직이면 부자연스러워 보일 뿐만 아니라 물고기가 잡기가 너무 어려워진다.

대부분 낚시꾼은 덴카라 낚시꾼에게 이점을 주는 것이 플라이의 조작이라는 사실을 이해하기 어렵다고 한다. 이것은 목줄에 분할 샷 추가하거나 수면에 캐스

팅 라인이 드랙drag(끌림)없이 플라이에 직접 연결하는 것과 관련이 있다.

이것이 바로 플라이 조작의 장점이다. 멀리서 떠다니는 플라이와 직접 접촉을 유지할 수 있는 능력이다.

이것은 체코 님핑과 비슷하지만, 더 먼 거리에 더 긴 낚싯대와 비가중 플라이를 사용하여 플라이를 아래로 내리고 낚싯대 끝을 플라이의 하류에 두어서 플라이와 접촉을 유지하고 좋은 표류를 시도하는 것이다. 특히 표류 끝에 약간 적극적으로 플라이 조작을 한다.

일반적으로 플라이 조작은 첫 번째로 프레젠테이션 방법은 물고기 서식지를 통한 데드 드리프트를 한다. 두 번째는 반응이 없으면 표류 중 약간의 맥동을 주고, 마지막에 약간의 플라이 조작과 함께 스윙swing(흔들기) 및 리프트lift(올리기)를 한다. 때로는 물고기가 실제로 이것들에 의해 유인되지만, 항상 그런 것은 아니다.

플라이를 조작하여 효과를 얻는 두 가지 이유는 첫째, 사카사 게바리와 같은 덴카리 플라이에서 맥동은 해클이 열리고 닫힌다. 맥동은 마치 헤엄치는 곤충처럼 뵈기 때문에 물고기에게는 매우 매력적이다. 둘째, 특히 압박이 가해진 물에서 물고기는 아마 매일 계속 반

맥동(←··당김/닫힘. ··→ 늦춤/열림)

복적으로 같은 서양 플라이를 볼 것이다. 덴카라 낚시
꾼은 상대적으로 적은 수이기 때문에 완전히 다른 프레
젠테이션이 더 효과적일 수 있다고 믿는다.

물고기는 학습능력이 있으므로 선택적이다. 그들이
자주 봤던 #14 아담스Adams를 제시할 때마다 별 반응을
나타내지 않지만, 완전히 다른 플라이를 제시하면 경계
하는 물고기를 설득할 가능성은 더 크다고 생각한다.

덴카라 플라이로 낚시할 때 먼저 데드 드리프트를
몇 차례 해도 아무런 반응이 일어나지 않으면, 플라이
조작을 하면서 몇 번 더 캐스팅한다. 이 이점은 조작보
다는 표류가 더 좋아지는 데, 긴 낚싯대와 가벼운 낚싯
줄을 사용하면 더 많은 물고기를 잡을 수 있다. 심지어
데드 드리프트만으로 낚시해도 말이다. 그렇지만, 조작
이 때때로 입질을 불러일으킬 수 있다고 믿는다.

무엇이 스스로 움직인다면 그것은 살아있을 뿐만 아니라 도망치는 약탈적인 반응을 이끌 수 있다. 조작은 덴카라 낚시꾼들에게 이점을 줄 수 있는 여러 측면 중 하나이다.

덴카라는 정확하고 섬세한 캐스팅이 가능해서 물에서 낚싯줄에 전혀 드랙drag(끌림)이 발생하지 않는 표류를 달성할 수 있다. 이 점을 유의한다면, 대부분 낚시꾼이 간과하기 쉬운 특정한 수역에서 낚시할 수 있다.

덴카라는 또한 팽팽한 낚싯줄로부터 모든 느낌과 시각을 통해 미묘한 입질 감지 및 팽팽한 낚싯줄은 후크 셋hookset(챔질)을 향상할 수 있어서 폴스 캐스팅false casting(허위 캐스팅)할 필요가 없으므로 플라이는 물고기 앞에 더 오랜 시간을 머무른다.

최근의 기술로 낚시꾼과 플라이 사이의 직접적인 연결은 끊겨, 인디케이터폼indicator foam(발포제 찌)을 사용해서 드라이 플라이 및 웨트 플라이를 제어한다. 표류하는 인디케이터는 물결 움직임에 따라 해클은 실제 헤엄치며 살아있는 곤충의 다리처럼 꿈틀거리게 해서 플라이에 생명을 불어넣을 수 있다.

낚싯대 길이, 낚싯줄의 가벼움, 플라이의 디자인 등

여러 가지 요소 덕분에 플라이에 엄청난 양의 액션을 추가할 수 있다. 이것 때문에 서양 플라이낚시로는 플라이에 전달하기 매우 어려운 수준의 낚시를 촉발할 수 있다.

덴카라의 캐스팅 기술

덴카러의 단순성에 있어서 기술적 부분이 있다면 대부분 캐스팅 기술이다. 다른 모든 것과 마찬가지로 연습을 통하여 완벽해지며 캐스팅 기술과 과학을 배우는 데 그리 시간이 걸리지 않는다. 덴카라는 누구나 낚시할 수 있을 만큼 캐스팅을 하는데 보통 30분 정도 소요될 것이다.

물론 누구에게나 던지는 법을 가르칠 수 있지만, 그렇다고 해서 그들이 물고기 잡는 방법을 이해한다는 의미는 아닙니다.

캐스팅의 핵심은 가능한 한 자연스러운 방식으로 필요한 정확한 곳에 플라이를 전달하는 능력이다.

작은 물고기는 잘못된 캐스팅에 대해 더 관대할 수 있지만, 더 큰 물고기는 일반적으로 그리 쉽게 꾀지 않는다.

캐스팅은 연속된 움직임으로 팔이 떨어지지 않게

설계되었다.

낚싯대 길이와 가벼운 낚싯줄 무게로 의도한 목표까지 보내기 위해서 큰 움직임이 필요하지 않다. 또한, 서양 플라이낚시보다 움직임이 거의 없고 팔의 피로감도 훨씬 적으면서 낚싯줄을 빠르게 다시 캐스팅할 수 있다.

덴카라 낚싯대와 낚싯줄의 부드러운 힘은 가장 자연스러운 상태에서 플라이를 전달한다. 덴카라의 장점은 드랙drag(끌림)이 최소화되어 거의 모든 하천이나 강에서 낚시할 수 있게 근본적으로 은밀한 방법이다.

초보 덴카라 낚시꾼이 캐스팅을 배울 때 거의 매번 경험하는 두 가지 주요 문제가 있다.

캐스팅에서 전달하는 대부분의 힘은 백-캐스팅 back-casting에 있다.

백-캐스팅에서 갑작스러운 멈춤이 중요하다. 대부분 초보는 너무 세심하고 점진적 방식으로 낚싯대를 뒤로 가져오는 경향이 있다. 그런 다음 낚싯대를 앞으로 밀어 낚싯줄을 던진다. 결과적으로 낚싯대 끝에 줄이 쌓이거나, 물속에 줄이 쌓인다. 이것은 의심할 여지가 없는 백-캐스팅의 문제이다.

낚싯줄이 물속에 쌓이므로 전체 길이로 퍼지지 않아 더 세게 밀어도 낚싯줄이 더 멀리 떨어지지 않는다. 다시 말하지만, 문제는 백-캐스팅에 있다.

대다수 초보, 특히 서양 플라이낚시에 배경을 둔 초보는 캐스팅 끝에서 낚싯대를 물과 평행하게 떨어뜨려 캐스팅의 정확성과 비거리를 빼앗아 플라이를 엉성하게 착수시키고 낚싯줄을 수면에 묻는다.

낚싯대를 내리면 덴카라의 많은 이점을 잃는다. 캐스팅할 때 낚싯대를 10시나 11시쯤 높이에서 갑자기 멈춘다.

티핏과 플라이 일부만 표면에 닿도록 낚싯줄을 물 위로 배치한다, 낚싯대를 높게 유지하고 모든 낚싯줄을 팽팽하게 물로부터 떼어낸다.

물 위로 떼어진 팽팽한 낚싯줄은 낚시를 더 효과적으로 만드는 필수 중 하나이다.

초보는 폴스 캐스팅false casting(거짓 던지기)을 너무 많이 하는 경향이 있다. 플라이를 원하는 장소에 놓아두기만 하면 된다. 가능한 한 자주 낚시하고, 낚시할 수 없을 때는 뜰에서 가상의 목표를 향해 캐스팅 연습을 한다.

캐스팅이 정확하고 정밀할수록 플라이를 물고기에 더 잘 프레젠테이션할 수 있다. 조용한 환경에서 캐스팅을 시작해서, 나중에 바람 속에서도 연습한다. 연습은 낚싯대가 제대로 역할을 하게 한다. 캐스팅은 부드러워야 하고 수월해야 한다.

릴 낚싯대로 캐스팅한 경험이 있다면 덴카라에 익숙해지는 데는 시간이 좀 걸릴 것이다. 플라이 낚싯대에 대한 오래된 지침인 표준은 10시와 1시 대신 덴카라는 10시 30분에서 12시로 훨씬 더 짧은 캐스팅 스트로크casting stroke이다. 대부분 움직임은 손목에서 이루어지며 팔꿈치에는 약간의 움직임이 발생한다. 릴낚시에 경험이 없다면 어떤 캐스팅 습관도 배지 않아서 덴카라는 직관적으로 재현할 수 있다.

낚싯대를 구부릴 수 있을 만큼 세게 캐스팅하되 움직임은 간결하게 유지한다. 일본 전문가는 온종일 피로를 덜기 위해 팔꿈치를 가까이 두라고 한다.

서양 플라이낚시를 즐겼다면 아마도 캐스팅 속도를 줄이고 캐스팅에 더 작은 힘을 가해야 할 것이다.

웨트 플라이 낚시할 때 초보가 저지르는 가장 큰 실수로는 너무 약하게 캐스팅하므로 물 밖으로 낚싯줄을 세우지 못하는 것이다.

결과적으로 플라이는 깊이 들어가지 못하지만, 깊이 들어가더라도 낚싯줄에 의해 위로 끌려오게 된다. 물은 수중보다 표면이 더 빠르게 움직이므로 낚싯줄이 표면에 놓여있으면 플라이는 표면으로 끌려간다. 가끔 플라이는 표면에 바로 붙어 있는 물고기도 잡을 수 있지만 좋지 않다고 생각한다.

캐스팅할 때 약간의 힘으로 플라이를 물속으로 전달한다. 캐스팅할 때 전방 스트로크를 갑자기 멈추는 시점을 확인하면 된다. 이것을 제대로 이루면 플라이는 낚싯줄 앞의 물에 닿아 가라앉을 시간을 갖게 된다.

캐스팅 후 플라이 하류로 낚싯대 끝과 낚싯줄을 유지하면서 낚싯줄을 밖으로 끌어올리고 싶지만, 플라이가 표류할 때 낚싯대 끝은 하류로 이동하면서 플라이의 하류에 있도록 노력해야 한다.

실제로 플라이를 하류로 끌고 싶지 않고 느슨해지지 않고 플라이와 팽팽하게 연결하고 싶다. 이것을 옳게 수행하면 플라이가 물고기의 급식구역에 최대시간을 보낼 수 있으며 낚싯줄이 물속에 끌려 들어가는 지점을 관찰하여 입질 감지를 할 수 있다. 해당 낚싯줄이

멈칫하거나 깔짝거리면 즉시 낚아채기를 한다,

일류 덴카라 캐스터의 캐스팅을 관찰하면 팔뚝을 살짝 들어 백-캐스팅을 한 다음 손목을 구부리는 동작으로 부드럽게 전환한다. 하지만, 전체적으로 움직임은 미미하다. 왜냐하면, 낚싯대가 수직으로 멈추거나 수직을 거의 지나치지 않기 때문이다.

전방 캐스팅은 먼저 팔뚝을 시작 위치로 되돌린 다음 손목을 빠르게 펴면서 낚싯대를 가속한다. 전방 캐스팅은 갑작스러운 정지로 가속된 낚싯대 끝이 앞으로 튀어나와 낚싯줄을 추진시킨다. 전방 캐스팅도 낚싯대 끝이 상당히 높은 10시 이상에 멈춰야 한다. 이것은 두 가지 작업을 수행한다.

첫째, 물고기가 물에 닿자마자 즉시 반응할 수 있는 준비 위치에 놓이게 되며, 물고기의 입질로 인한 충격을 흡수하기 위해 낚싯대를 구부릴 수 있는 위치에 유지한다.

둘째, 10시나 10시 30분에 멈추면 낚싯줄은 롤-아웃roll-out(펴짐) 되면서 턴-오버turn-over(젖힘) 될 것이다.

티핏의 턴-오버를 돕기 위해 낚싯줄이 펴지면 낚싯대 끝을 살짝 올린다, 집게손가락을 위로해서 낚싯대를

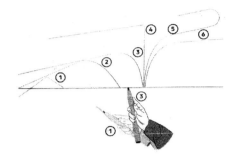

백 캐스팅 스트로크

잡고 낚싯줄을 던진다.

덴카라 낚싯대의 캐스팅은 야구 스윙이 아닌 골프 스윙과 같다. 이는 힘이 아닌 통제된 에너지 작용이다.

다른 낚시 유형과 비교하면 캐스팅 스트로크가 짧고 스톱 포인트stop point가 확실하다. 후속 작업은 필요 없지만 12시까지 백-캐스팅이 필요하다.

12시에서 살짝 멈추었다가 10시(혹은 11시)까지 앞으로 왔다가 다시 멈춘다.

캐스팅 에너지를 가해야 할 필요성을 느껴지지만, 근육을 사용하여 앞으로 밀면 안 된다. 이 방식으로 낚싯줄을 펴고 가하는 힘을 약간만 조종하면 매우 섬세하게 또는 팽팽하게 플라이를 착수시킬 수 있다.

물고기가 있는 곳

성공적인 플라이낚시의 첫 번째 단계는 낚시와 아무런 관계가 없다. 그것은 주위를 둘러보고 잠시 그 지역을 관찰해야 합니다. 약 15분 정도 시간을 내어 물고기가 무엇을 하고 있는지 살펴본다. 날아다니는 벌레를 보며, 물속에 있는 물고기에게 맛있는 간식을 제공할 최근 플라이가 부화했다는 증거를 찾아본다. 벌레가 있는 곳은 아마 물고기가 있는 곳일 것이다. 최근 부화에 대한 단서를 찾기 위해 물가 근처의 풀줄기와 잡초를 살펴본다. 스톤플라이stone fly(강도래) 애벌레는 물 밖으로 기어 나와 성충으로 부화한다. 이러한 부화는 잡초, 풀, 바위 및 물가 근처의 손이 닿는 모든 곳에서 발생한다.

그런 사례가 어디 있을까? 하루살이는 부화한 후 탈피한다. 이는 풀과 잡초에서도 발생한다. 최근 하루살이 부화에 대한 단서를 찾을 수 있나요?

최근 부화에 대한 단서를 찾는 동안 근처 덤불에 수

생곤충이 기어 다니는지 확인한다. 개울가 숲은 최근에 부화하여 알을 낳으려고 기다리는 수생곤충이 머물기 좋은 장소이다.

덤불 주위에 특정 곤충이 많이 매달려 있는 경우, 해당 곤충을 모방한 패턴에 베팅할 수 있습니다.

거미줄은 단서를 찾기 좋은 장소이다, 거미는 거미줄 주위를 날아다니는 곤충을 잡는 습관이 있다. 거미줄에 불행한 하루살이가 가득하면 물고기도 그와 함께 있을 것이다. 그래서 물 위에서 플라이 선택에 애쓰지 않고도 플라이의 크기, 모양, 색상을 맞출 수 있습니다.

물고기는 무엇을 하고 있나요? 그들은 플라이로 떠오르려 하고 있나요? 그들이 먹고 있는 플라이가 보이나요? 떠오르는 물고기가 보이지 않으면 물고기가 표면에 떠 있는 플라이를 먹을 가능성은 거의 없다. 그들이 떠오르는 것을 보지 못한다면 님프에 있을 수도 있다. 님프는 그들에게 늘 이용 가능합니다.

개울가 덤불 위에 맴돌고 있는 캐디스플라이 떼가 있습니까? 캐디스플라이caddisfly(날도래)는 여름철에 버드나무와 덤불 위에 떠도는 게 흔한 광경이다.

강가의 버드나무 주위에서 춤추는 작은 나방 떼처

럼 보이는 것을 본다면 캐디스 모조품 상자를 열고 물로 몇 번 캐스팅하면 미스터리가 해결된다.

물고기에게는 먹이, 은신, 휴식처라는 세 가지 기본 욕구가 있다.

물이 불편할 정도로 찬 봄에 더 따뜻한 물을 찾는 물고기, 수온이 상승하는 여름에 더 시원한 물을 찾는 물고기와 같은 다른 변형도 있습니다.

첫 번째 사례는 태양이 몇 도만 따뜻해진 하천의 얕은 지역에 물고기가 나아 간다. 두 번째 사례는 물고기는 하천의 그늘진 부분이나 물이 더 시원한 작은 하천 입구로 이동한다. 둘 다가 편안함을 찾는 물고기의 사례이다.

물고기처럼 생각하기 시작하면 플라이낚시에 엄청난 도움이 될 것이다. 날씨가 더우면 어디에 있고 싶습니까? 더 시원하고 그늘진 곳에 있고 싶습니까? 물고기도 마찬가지이다.

물고기는 일반적으로 항상 흐름의 상류를 향합니다. 물고기가 하류를 향하고 있었다면 결국 하류나 바다까지 가버릴 것이다. 물고기는 먹이가 나오는 곳인 상류로 향합니다.

그리고 당신이 제공하는 플라이가 물고기가 먹던
음식과 닮지 않았다면, 아마도 당신의 플라이를 먹을
물고기를 얻지 못할 것이다. 또한, 물고기를 찾을 때 다
음 위치를 고려하십시오.

잔물결과 얕은 곳, 앞의 유속이 뒤의 바위에 의해
느려지는 바위 앞, 유속이 느려지고 벌레가 물에 빠지
는 둑을 따라 흐름으로부터 보호되는 바위 뒤, 잔물결
사이의 낭떠러지, 개울의 자연스럽게 만들어진 보호 포
켓, 음식이 갇힐 수 있는 표면 장애물, 개미를 보호하고
보호할 수 있는 통나무 뒤, 흐름이 더 느리고 곤충이 모
이는 뒤쪽 소용돌이, 깊은 소(沼) 바닥, 늦은 저녁 얕은
자갈밭, 냇가에 늘어진 나무 그늘, ……

음식이 있는 곳에서 물고기는 기회주의자라는 것을
기억하십시오. 그들은 쉽게 구할 수 있는 것은 무엇이
든 먹을 것이다. 물고기는 에너지를 절약한다. 밤낮으
로 먹이를 찾아 헤엄칠 수 없다.

본능적으로 그들은 음식을 찾을 수 있는 가장 중요
한 장소가 어디인지 알고 있다. 특정 강이나 하천에서
물고기가 무엇을 먹고 있는지 알게 되면 자동으로 물고
기를 잡을 확률이 높아집니다.

다양한 물 유형에 대한 전략

물고기를 잡는데 덴카라의 용이성 및 단순성에 상관없이 가장 중요한 것은 대부분 하천에서 발견되는 물에서 플라이를 어느 곳에 두어야 하는지 아는 것이다.

하천은 내리막으로 흐르지만, 평평한 들판을 가로지르는 경우와 같이 경사가 낮을 때는 물의 대부분은 지하의 샘과 주변 땅의 정상적인 유출 수로 나올 수 있다. 갑작스러운 폭우로 인해 하천의 수위는 높아지지만 맹렬한 속도에 도달하는 경우는 거의 없다. 들판의 하천은 일반적으로 바닥이 평평하고 모래 또는 자갈을 가지고 있다.

산골의 가파른 경사면 따라 떨어지는 개울을 자주볼 수 있다. 갑작스러운 폭우로 인해 물이 아래로 빠르게 흘러내려 종종 나무, 작은 바위도 함께 휩쓸린다. 산골의 개울에는 일반적으로 바위가 많고 심지어 큰 바위 바닥을 가지고 있다. 흐르는 물은 종종 바닥으로 가는 길을 찾기 위해 뒤틀려 돌아간다.

하천은 흙과 작은 암석을 침식하고 깊은 수로를 파는 경우가 있다. 아니면 단단한 바위에 부딪혀 더 쉬운 대체 코스로 방향을 바꿀 수도 있다.

우리 지역 하천에 대한 간단한 분석은 런run, 굴곡 및 소(沼)로 구성된다. 이들의 특징은 여울, 소용돌이 및 포켓 워터pocket water를 형성한다.

·런(run) : 얕거나 깊은 하천의 직선 부분이다. 물고기는 작은 바위나 쓰러진 나무 뒤에서 자리를 잡고 에너지를 절약하고 먹이가 지나가는 것을 지켜본다. 표면 바로 아래에 바위나 다른 물체가 있음을 나타내는 물 위의 정상파standing wave(定常波)를 주의 깊게 살펴보고 플라이를 바로 상류에 상륙시켜 물고기가 있는 곳으로 떠내려 보낸다. 장애물 앞과 뒤에는 정체 흐름의 작은 완충 영역이 존재한다는 것을 잊지 마십시오.

·굴곡(屈曲) : 바깥쪽에서 물고기를 찾을 수 있는데, 흐름이 제방의 언더컷undercut을 팔 수 있다. 포식자로부터 보호받기에 완벽하다. 굴곡의 안쪽에는 물

이 얕거나 부족한 경우가 많다. 정체된 물이 더 빠른 물과 만나는 시임seam(솔기)에는 먹이들이 흘러 모여들므로 물고기가 자주 찾는다.

· 소(沼) : 큰 물고기가 있다. 깊은 곳으로 내려가서 휴식을 취한다. 하지만 저 아래에서는 먹이를 많이 먹지 못할 수도 있다. 배가 고프면 올라와서 소(沼)의 머리나 꼬리에 줄을 서야 한다. 어쩌면 잔물결에서 더 많은 산소가 공급되어 음식을 가져오는 소(沼)의 머리 부분일 수도 있다. 어쩌면 음식이 편리하게 퍼지는 소(沼)의 꼬리 부분일 수도 있다.

다음은 대부분 하천에서 발견되는 다양하지만, 일반적인 유형의 물에 대한 낚시를 살펴본다.

여울 낚시

얕은 여울은 덴카라에 아주 좋다. 물 바로 아래에 있는 돌과 바위로 인해 잔물결이 생긴다. 물은 그다지 깊지 않은 경우가 많지만, 물고기는 이런 곳을 좋아한다. 물고기가 아주 작은 장애물 뒤에 숨어서 전달되는 음식에 달려드는 방식은 놀랍다. 빠른 흐름 때문에 물고기는 플라이를 검사할 여유가 없다. 그것이 음식일지도 모른다면 흘러가기 전에 잡아먹어야 할 것이다. 여울에는 먹이들이 가득하다. 이곳에는 님프와 번데기가 가장 많이 사는 곳이다.

많은 바위 구석 틈새는 포식자로부터 숨을 수 있는 안전한 곳을 제공하며 깨진 수면은 낚시꾼을 보는 물고기의 시야를 가린다. 깨진 수면 때문에 조심성 있는 물고기에 가까이 접근할 수 있으며 물이 깊지도 않아서 덴카라에 아주 좋다.

덴카라에서 흔히 낚시꾼의 동작 반경은 3~7 m 내에서 낚시하는 것은 여울에서 전혀 문제가 되지 않는다.

예로써, 3.3 m 낚싯대의 채비에 따라 최대 8.8 m의 동작 반경을 갖게 된다. 그러나 완전히 뻗은 자세에서 낚시하지 않기 때문에 이 예에서 실제 최대 동작 반경은 약 6.6 m(22 ft) 정도이다.

인터넷에서 정통 플라이 낚시꾼을 대상으로 설문조사에 따르면 동작 반경의 범위는 5~12 m 사이이므로 여기에서도 확실히 이 범위에 속한다.

동작 반경 계산 예

길이 변수	길이(m)
평균 신장(175cm)	1
로드 길이	3.3
캐스팅 라인	3.3
티핏(목줄)	1.2
총계	8.8

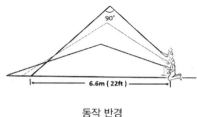

동작 반경

여울과 소(沼)는 종종 연속해있다. 일반적으로 큰 소(沼)는 더 깊은 곳으로 이어지는 멋진 런run이 있다. 런에는 눈에 띄는 흐름은 있지만, 물이 약간 더 깊고 바닥의 경사가 그리 가파르지 않기 때문에 여울보다 표면이 더 매끈하다.

런은 일반적으로 길이를 따라 흩어진 암석들이 있지만 이로 인해 여울이 끊어지는 것이 아니라 표면에 소용돌이와 보일boil(물고기 떼 돌진)이 생성된다.

포식자로부터 어느 정도 보호받을 수 있는 깊은 물과 곤충이 꾸준히 표류할 수 있을 만큼 충분한 흐름을 제공하지만, 물고기가 물살과 싸우기 위해 너무 많은 에너지를 소비할 정도로 빠르지 않다. 물고기에게 가장 매력적인 코스에 적당한 크기의 바위 및 소용돌이 또는 용추(龍湫)가 대기해 있다.

런run 낚시는 여울이나 소(沼)보다 더 많은 물 읽기 기술이 필요하다,

여울 아래에 소(沼) 머리를 낚는 것은 종종 매우 생산적이며, 낚시꾼이 가장 좋아하는 곳은 여울이 소(沼)로 떨어지는 바로 그곳이다.

소(沼)는 흐름이 느리고 때로는 거의 감지할 수 없는 깊은 물이다. 바닥은 일반적으로 그릇 모양이다. 물이 들어오는 소(沼)의 머리나 최상류에는 일반적으로 하천을 가로지른 급경사나 바위 턱이 있으며, 물은 소(沼)로 흘러내린다.

그 후, 소(沼)는 넓어졌다가 꼬리 부분에서 다시 좁아지며, 물길은 다음 여울이나 런run으로 흘러간다. 소(沼)는 종종 가장 큰 물고기의 서식지이다.

소(沼) 머리의 깊은 물에서 물러나서 상류 쪽 더 얕

은 여울 속으로 던지고 낚싯줄을 물에서 멀리한 다음 플라이를 소(沼) 머리까지 하류로 유도한다.

낚싯줄은 물 위로 조심스럽게 유지하고, 낚싯대 끝과 낚싯줄을 플라이 하류로 유지한다. 플라이는 여울 바닥을 따라 물고기가 먹이를 기다리는 소(沼) 머리 부분으로 내려갈 것이다.

여울이 소(沼)로 들어가는 지점에서 낚시한 후 소(沼) 자체를 낚시한다. 여기에서 가벼운 낚싯줄과 긴 낚싯대를 사용하면, 얕은 물에서 무거운 플라이 라인처럼 물고기를 놀라게 하는 것이 아니라, 여울처럼 얕은 물에서 은밀하고 섬세한 프레젠테이션 할 수 있다.

그래서 얕은 곳으로 이동하기 전에 건너편 쪽의 여울 가장자리 물에 캐스팅하면 정말 놀랍다. 또한, 여울을 통해서 더 활동적인 플라이 조작을 수행하여 플라이를 가볍게 움직일 수 있어서 더 얕은 물의 장애물에 걸리는 것을 방지할 수 있다.

여울에서 가로질러 던지고 하류로 스윙swing(흔들기)을 한다. 낚싯줄을 팽팽히 유지하고 티핏tippet(목줄)을 제외한 모든 것을 물에서 멀리 둔다. 매우 빠른 여울에서는 물에 더 많은 티핏을 유지한다.

여울은 플라이보다 더 빠르게 낚싯줄을 하류로 운반할 수 있고 즉석에서 부자연스럽게 표류할 수 있으므로 이는 매우 중요하다.

캐스팅은 당신의 위치 바로 아래로 내려가도록 한 다음 플라이를 물 밖으로 천천히 들어 올린다.

많은 물고기는 들어 올림이 높아지면 플라이를 쫓아와 잡아먹는다. 다운스트림Downstream(하류)으로 표류할 때 낚싯줄에 장력을 유지하면 실제로 자동 셋-업 set-up(채기)이 발생할 수 있다.

여울은 수많은 곤충 애벌레가 표류하는 황혼녘과 새벽녘에 물고기를 유인한다. 이때는 킬러 버그Killer Bug나 유충 패턴larva pattern으로 낚시하는 것이 훨씬 더 생산적이다. 한낮에는 더 깊은 여울에서 물고기가 잡힐 수 있다.

소(沼) 낚시

소(沼)는 비교적 깊고 밑바닥이 그릇 모양이거나 평평해서 흐름이 느리고 표면이 잔잔하다. 이 종류의 물은 표면이 깨지지 않고 가시성이 높아서 소(沼)의 물고기는 경계하는 경향이 있다.

소(沼)의 깊이는 포식자들로부터 가장 큰 보호를 제공하고, 느린 물은 최소의 에너지로 제자리를 유지하고, 바닥의 물은 여름 더위에도 상층보다 시원하고 산소가 더 풍부한 상태로 유지된다.

빠르게 흐르는 개울에서 작은 소(沼)에 플라이를 가라앉히기 위해 여울이나 용추(龍湫)의 하얀 파도 급류로 던진다. 작은 소(沼)는 빼고 물고기가 많아 보이는 소(沼)로 이동한다. 소(沼)가 조금 더 크면 꼬리를 먼저 낚시하고 머리까지 올라간다.

플라이에 가중치가 적용되지 않고 추가된 스플릿 샷 없이 큰 소(沼)를 덴카라하는 경우, 때때로 좋아하는 소(沼) 머리 부분으로 직행한다. 플라이가 소(沼) 머리 깊숙이 들어갈 수 있도록 상류 여울 속으로 던진다. 또 소(沼) 가장자리에서 낚시하면서 닿을 수만 있다면 먼 둑으로 캐스팅을 하여도 좋다.

얕은 곳에 물고기가 있는 경우는, 드랙drag(끌림) 없이 플라이를 표류하기 힘든 곳일 수도 있지만, 소(沼)가 너무 크지 않으면 긴 덴카라 낚싯대로써 그곳에 멋지게 표류할 수 있다. 끝에 다시 한번 스윙swing을 잊지 마세요.

소(沼) 머리나 소(沼) 꼬리를 가로질러 플라이를 휘둘려 종종 물고기를 낚는다. 스트리머streamer로 소(沼)에서 자주 낚시한다. 깊이에 맞춰 스트리머의 무게를 조절하며 무거울수록 레벨 라인도 무거워지고 덴카라 낚싯대는 더 빳빳해야 한다.

깊은 소(沼)에서 가장 좋은 패턴은 올리브색 및 검정색 비드 헤드 버그bead head bug, 킬러 버그Killer Bug이다.

깊고 잔잔한 소(沼)에서 가장 인기가 있는 기술은 하이스틱킹Highsticking이다. 하이스틱킹은 소(沼)에 은밀하게 다가가, 캐스팅 후, 낚싯대를 들어 올려, 플라이의 자연스러운 표류를 추적하도록 낚싯대 끝과 해당 낚싯줄은 직각이 되게 유지해야 한다. 그러면 물고기는 실제로 스스로를 낚을 것이다.

소용돌이 낚시

전반적인 움직임은 하류이지만 물은 실제로 여러 방향으로 흐르고 있다. 이들은 측면과 바닥에서 느리게 움직이는 물이 빠르게 움직이는 물속으로 빨려 들어가기 때문에 발생한다. 이 물이 중심부 흐름을 향해 흐르면 다른 물이 들어와서 이것을 대체한다. 따라서 원형

와류가 형성된다.

소용돌이 모양으로 물이 움직이는 것을 난류turbulent flow(亂流)라고 한다. 시냇물에 흐르는 물은 항상 난류이다.

가장 눈에 띄는 와류는 소(沼) 머리와 만곡 부분 내부의 역류이지만 제방과 바다 전체를 따라서도 발생한다.

바닥에서 소용돌이는 물의 용승up-welling(湧昇)을 초래한다. 급류에서는 공기가 물에 혼합되어 용승은 더욱 증가한다. 이것은 간혹 들판에 발생하는 회오리바람과 비슷한 현상으로 플라이를 밀어내는 경향이 있기 때문에 님프 낚시꾼에게는 큰 관심사이다.

소용돌이는 역류가 종종 낚시꾼들을 혼란스럽게 하는 것처럼 보이기 때문에 개울이나 강에서 낚시할 때 가장 간과되는 장소 중 하나이다.

물고기들은 흐름이 더 느리고 먹이를 먹는데 더 적은 에너지를 소비할 수 있는 곳에 누워 먹이를 찾는다. 소용돌이나 급격한 굴곡에 많은 물고기가 누워 먹이를 먹는 느린 물이 생성된다. 소용돌이 위쪽으로 캐스팅하고 플라이가 천천히 자연스럽게 들어오도록 한다. 작은 하천에도 작은 소용돌이가 있어서 매우 생산적이다.

소용돌이는 물고기가 때때로 찾는 영역이 될 수 있다. 물은 식량을 가져다주는 흐름에서 새로운 흐름으로 끌어 당겨진다. 하류로 흘러내리는 주요 물살도 종종 줄어 급식소가 물고기 바로 앞에 있는 동안 낚시는 더 쉬워진다.

긴 덴카라 낚싯대로 플라이를 소용돌이 속으로 바로 던지고 물에 닿지 않은 가벼운 낚싯줄로써 플라이를 따라붙는 프레젠테이션이 가능하지만, 짧은 낚싯대로 캐스팅된 무거운 낚싯줄은 흐름에 의해 낚싯줄이 당겨지는 것을 방지하기 어렵다.

그러면 부자연스러운 방식으로 플라이가 소용돌이 밖으로 끌러 나올 것이다.

그러나 긴 덴카라 낚싯대는 흐름에서 낚싯줄을 유지하는 장점이 있다. 플라이는 끌림 없이 소용돌이 속에 소용돌이칠 수 있어 보다 자연스러운 표류를 만들고, 플라이에 약간의 동작을 추가하면 물속에서 애쓰는 곤충의 환상을 더욱 현실적으로 만들 수 있다.

물고기를 찾을 수 있는 가장 좋은 장소는 가장자리의 소용돌이나 역류이다. 잔잔한 물이 흐름과 만나는 곳, 얕은 물이 깊은 물과 만나는 곳, 제방과 장애물이 흐름과 만나는 곳 등은, 먹이 유기체가 떠돌며 집중되는 경향이 있는 곳이다.

물고기는 급류에서 얕은 수압 완충을 활용하기에 너무 크기 때문에 식물이나 바위틈에서 허용되는 서식지를 이용한다. 이 지점에서 그들은 흐름의 가장자리를 관찰하고 표류하는 유기체를 잡으려고 돌진할 수 있다. 일반적으로 표면이 고르지 않기 때문에 물고기는 매우 안정감을 느끼고, 수심이 얕지 않은 한 이러한 장소는 물고기가 있는 주요 장소이다.

포켓 워터 낚시

물 아래 큰 바위가 있거나 표면이 부서지는 물길을 설명하는 데 사용되며 자주 듣게 된다. 이것은 매그넘 리플magnum riffles(큰 여울)과 비슷하지만, 큰 바위 뒤 대피소는 훨씬 크고 표면에는 얕은 여울 밭에서 볼 수 있는 작은 파도 발진만큼 하얀 물이 나타나지 않는다.

덴카라가 정말 빛을 발하는 곳이 바로 포켓 워터다. 덴카라의 장점은 물에서 낚싯줄을 떼어서 먼 거리에서 낚시할 수 있다는 것이다.

소용돌이와 서로 어긋난 역류와 씨름하는 대신, 덴카라 낚시꾼은 바위 뒤와 앞의 느린 시임seam(솔기)에 플라이를 던지고 낚싯줄이 물에 닿지 않게 할 수 있다. 이렇게 하면 플라이가 끌어 당겨지지 않고 느린 흐름의 솔기나 포켓에 가라앉고 머물 수 있다.

포켓을 작은 소(沼)로 대하고 플라이가 가라앉을 수 있도록 포켓 상류에 캐스팅한다. 또한, 티핏은 평균 깊이보다 30 cm 더 길게 한다. 얇은 티핏은 두꺼운 것보다 빨리 가라앉으므로 플라이가 바닥 근처에 도달할 수 있을 만큼 충분한 티핏 길이를 확인하고, 표면 아래에 있는지, 않는지 확인해야 한다. 포켓 워터에서 효과적인 낚시를 하려면 낚싯줄이 너무 길지 않은지 확인한다. 크로스 커런트cross current(주류와 교차 물줄기)를 피하려면 전체 낚싯줄을 물에서 멀리 유지한다.

포켓 워터에 물고기가 숨기 좋은 공간을 제공할 바위가 흩어져 있다. 각 바위 뒤편의 느린 물에 캐스팅하면 종종 입질을 받을 수 있다.

때때로 바위에 의해서 속도가 느려지는 완충용 물이 있는 경우 물고기가 숨을 수 있는 좋은 곳을 찾을 수 있다. 다시 말하지만, 이것은 포켓 워터 지역에 흔히 발생하는 소용돌이치는 흐름으로부터 낚싯줄을 유지할 수 있으므로 덴카라에 완벽한 물이다. 포켓 워터는 정말 "주머니를 고르는 것이다" 즉, 조용한 수역을 찾아 그 가장자리를 따라 플라이를 표류시키는 문제이다.

물고기는 지치지 않고는 오랫동안 물살을 헤쳐 나갈 수 없다. 그래서 그들은 잔잔한 물이 흐르는 구석구석에서 피난처를 찾는다. 그들은 또한 포식자로부터 보호를 받아야 한다. 포식자와 물살로부터 보호받을 수 있는 조용한 물가는 은신처이다.

물고기들이 먹이를 먹을 수 있지만, 보호가 거의 또는 전혀 제공되지 않는 곳은 급식소이다. 이상적인 장소는 은신처와 급식소를 동시에 제공한다. 이것은 최고 서식지이다.

물을 읽는 것은 실제로 이런 서식지가 발생하는 영역을 인식하는 문제이다.

전통적인 덴카라 패턴

사카사 게바리는 덴카라 플라이의 상징적인 패턴이다. 대부분 패턴과 마찬가지로 건식 또는 습식으로 낚시할 수 있으며 묶는 패턴 중 가장 쉽다.

그리고 다양한 방법으로 낚시를 할 수 있는 전통적인 덴카라 플라이와 함께 사용할 수 있는 서양식 플라이 패턴도 몇 가지를 소개하였다.

	다카야마 사카사 게바리|Takayama Sakasa Kebari · 후크 : #16 −12 · 해클 : 갈색이나 회색, 파트리지. · 실　 : 빨강 실크 자수용 실. · 몸체 : 빨강 실크 자수용 실. · 칼라 : 피콕 헐(peacock herl).
	이시가키 게바리|Ishikaki Kebari · 후크 : #16 −12 · 해클 : 눈에서 1/3아래에 묶인 갈색 또는 그리즐리 수탉 · 몸체 : 검은색 또는 회색. · 실　 : 검정 또는 회색 재봉실.

사카키바라 게바리|Sakakibara Kebari

· 후크 : #16 −12
· 해클 : 수탉(드라이), 암꿩(웨트)
· 실 : 6/0, 8/0 몸체와 같은 색
· 몸체 : 황갈색 또는 검은색
    울얀(wool-yarn) 또는 양모.

디어 헤어 이머저|Deer Hair Emerger

· 후크 : #16-12 드라이 플라이
· 날개 : 사슴 털.
· 몸체 : 산토끼 마스크 더빙
· 실 : 브라운 6/0
※날개는 수면 위로 세워 있지만 복부는 수면 아래로 늘어진다.

디어 헤어 캐디스 드라이 플라이|Deer Hair Caddis dry fly

· 후크 : #16-10 드라이 플라이.
· 날개 : 사슴 털.
· 몸체 : 산토기 마스크 더빙.
· 실 : 황갈색 6/0 또는 8/0.
※날개는 수면 위, 복부는 수면과 나란히 놓아 진다.

컴파라-던|Compara-Dun

· 후크 : #18-20 드라이 플라이.
· 날개 : 눈 산토끼 발털
· 몸체 : 눈 산토끼 발 밑털 더빙
· 실 : 황갈색, 올리브색 8/0
※꼬리와 날개에는 눈 산토끼 발털 꽁초에서 벗겨낸 보슬
    보슬한 밑털만으로 몸통을 더빙

킬러 버그|Killer Bug

· 후크 : 웨트 플라이 #12~18
· 실 : 가는 구리 선(언더 버디)
· 몸체 : 울 원사, 황갈색, 회색, 검정색, 보라색으로
    다양
※무게와 섬광을 위해 머리에 구슬을 추가할 수 있다.

킬러 게바리|Killer Kabari

· 후크 : 웨트 플라이 #12~18
· 해클 : 파트리지(partridge)
· 실　 : 노랑 8/0
· 몸체 : 타잉 실
· 리브 : 가는 금색 와이어

※킬러 버그에 해클을 부착해 떠오르는 님프를 모방할 수
　도 있다.

브라시|Brassie

· 후크 : 훼트 플라이 #14~20에 맞는 굽은 생크나
　똑바른 생크
· 실　 : 검은색 6/0
· 복부 : 가는 구리선(빨강, 검정, 올리브색, 갈색)
· 가슴 : 피콕 헐(peacock herl)　두 가닥 2~3회 감아
　완성
· 머리 : 구슬(감정, 은색, 흰색)

※라버를 모방하지만, 가스를 품으며 떠오른 퓨파도 모방
　하기 위해 은색, 흰색 구슬머리를 추가하기도 한다.

DIY 플라이

우리는 동래 낚시점이나 온라인을 통해 플라이를 삽니다. 내 취향에 꼭 맞는 물건이 아닌 누군가가 만들어 놓은 플라이를 골라 산다.

시장에서 상추, 쑥갓, 깻잎 같은 채소를 사다가 먹는 것과 직접 내가 손으로 씨를 뿌리거나 모종을 심어 채소를 솎아다 먹는 것은 같을 수 없다. 그 맛부터가 다르다. 내가 공들여 깨끗이 키운 것들이니 품질 걱정도 필요 없고, 실제로 먹어보면 농약 없이 키운 채소가 맛도 훨씬 좋다. 얼마나 고소한지 모른다.

먹는 것, 입는 것 그리고 집 안의 살림살이뿐만 아니라 낚시도 마찬가지다. 내가 살피고 가꾸어야 살갑고 정겨워진다. 처음에는 귀찮지만 일단 시작하면 결국은 자신이 플라이를 묶는 데 손을 대고 싶다. 시중에 플라이 묶는 방법을 가르쳐 주는 온갖 종류의 책이 있다.

책에는 고급 계층에 대한 정보가 들어 있다. 우리

는 이것의 기본 사항만 다루는 것이다. 결국, 플라이 묶기는 플라이낚시의 한 부분일 뿐이지만 전체적으로 매우 중요하다. DIYDo It Yourself 플라이에서 가장 먼저 알아야 할 것은 플라이 자체에 대하여 조금 아는 것이다.

- **드라이 플라이** : 마른 플라이는 단순히 떠다니는 플라이다. 일반적으로 애벌레 껍질에서 튀어나온 emerger(이머저), 날아갈 수 있도록 날개를 말린dun(던), 알을 낳기 위해 물로 돌아가는 성충spinner(스피너)이 된다. 물고기가 드라이 플라이를 잡는 모습을 볼 수 있어서 가장 재미있다.

- **웨트 플라이** : 젖은 플라이는 단순히 물에 뜨지 않는 플라이다. 이들은 대개 수면을 향해 헤엄치거나 성충이 되기 위해 표면층을 뚫고 나오려는 애벌레lavar(라버)와 번데기pupa(퓨퍼)로 표현한다. 많은 곤충이 이 단계에서 식단 메뉴 항목이 되므로 젖은 플라이를 묶는 방법을 아는 것이 유용합니다.

- **님프** : 님프는 곤충의 생활사에서 님프 또는 애벌레 단계다. 곤충은 일생의 대부분을 님프나 애벌레로 보내므로 이 단계는 어류채집 측면에서 중요

한 단계다. 하천 물고기의 먹이 중 최대 95%가 어떤 형태로든 님프와 애벌레이다.

· **스트리머** : 스트리머는 호수와 하천의 표면 아래에서 헤엄치는 다양한 생명체를 나타내는 플라이다. 물고기는 종종 피라미, 거머리, 가재 등을 먹기 때문에 묶는 방법을 배우는 데 중요한 플라이 유형이다.

· **미지** : 미지는 작은 플라이 패턴을 말하는 낚시꾼의 일반적 용어이다. 모든 환경에 적응하기 때문에 유수, 정수(靜水), 깨끗한 물, 더러운 물 구별 없이 거의 모든 물에서 발견된다. 종종 하천가를 걸어갈 때 눈 앞을 가리는 떼와 차량의 창을 가리는 떼를 볼 수 있다. 겨울철에는 미지가 가장 이상적입니다.

후크(hook)

후크는 날카롭다, 단단하다. 무겁다, 녹슨다, …… 이러한 일반적인 느낌은 다소간 적대적인 것으로 대하기 쉽게 하였다. 낚시 도구임은 분명하나 왠지 공격적이고 단호하고 냉정하고 부담이 간다. 후크는 플라이를 만드는 데 사용할 모피, 털 및 기타 재료를 고정하는 것이다. 올바른 후크를 선택하면 플라이의 비율 배분이 더 좋아지고 사용 시 더 나은 성능을 발휘하게 된다. 잘못된 후크를 선택하면 플라이에 결함이 생겨 제대로 묶인 플라이를 사용한 성공보다 낮을 가능성이 있다. 후크의 구조로는

첫째, 후크의 갭gap(틈새)은 생크shank와 포인트point 사이의 거리다. 후크의 크기는 일반적으로 틈새 크기에 따라 평가가 된다.

둘째, 후크의 벤드bend(굴곡)는 굽은 모양에 따라 품질이 다르며 특정 유형의 플라이에 더 적합하다.

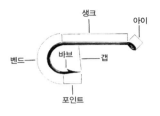

후크 각부의 명칭

　셋째, 후크의 아이eye(눈)는 모양과 각도는 후크의 가능한 용도를 결정하는 데 도움이 됩니다.

　마지막으로 후크의 생크는 앞서 언급했듯이 일반적으로 플라이의 몸체가 묶이는 길이 부분이다.

　드라이 플라이 후크는 여러 가지 모양과 크기로 제공된다. 일부는 직선형 생크를 가지고 일부는 곡선형 생크를 갖는다. 또 일부는 복제하려는 플라이의 유형을 수용하기 위해 다른 것보다 더 길다. 웨트 플라이 후크는 일반적으로 드라이 플라이 후크 보다 무겁다. 후크 굽힘 및 생크 길이는 용도에 따라 다르다. 님프 후크는 다른 어떤 유형보다 디자인이 다양하다. 스커드scud를 묶기 위해, 돌파리 애벌레를 묶기 위해 디자인되었으며 일부는 하루살이 및 캐디스 애벌레와 같은 일반적인 애벌레도 묶기가 좋다. 모방하고 싶은 자연의 님프와 비슷한 모양의 님프 후크를 선택한다. 스트리머는 보통 피라미, 가재 또는 수영 벌레를 모방한다. 스트리머는 보통 다른 후크보다 길이가 길며 복제되는 대상의 수영 패턴을 수용하기 위해 특정한 구부러짐이 있는 경우가 많다. 일부 후크는 배스bass와 팬 피쉬pan fish용 포퍼popper에 사용하도록 설계된다, 포퍼 본체가 회전하는 것을 방지하기 위해 생크에 굽은 혹이 있다.

덴카라 장비

전통적인 플라이낚시 장비와 비교해 덴카라의 중요 장점 중 하나는 단순성이다. 어떤 장비가 가장 적합한지에 대한 선택은 다소 개인적인 문제입니다.

덴카라 낚싯대 선택

덴카라는 릴이 없고 플라이 라인과 백킹 라인을 구입할 필요가 없다. 그리고 낚싯대의 가벼운 무게와 망원경처럼 접을 수 있어서 휴대하기가 편하다.

덴카라 장비 선택권은 전통적인 플라이낚시에서 볼 수 있는 선택권만큼 광범위하지는 않다. 상당히 표준적인 몇 가지 낚싯대 선택권이 있으며 그것은 실제로 선택해야 할 전부이다.

낚시하는 개울의 종류에 따라 가능한 한 긴 대를 구한다. 3.6 m(12 ft)는 덴카라 낚싯대의 평균 길이이지만, 개울이 더 개방적이거나 넓다면 더 긴 낚싯대가 유용하다. 흐름이 작고 촘촘하면 더 짧은 3.0 m(10 ft) 낚싯대가 더 유용하다.

30 cm 이하의 물고기를 잡을 낚싯대를 찾는다면 어떤 덴카라 낚싯대라도 잘 작동한다. 더 많은 요구를 염두에 두고 있다면 제작회사가 제공하는 제품 사양서(仕樣書)를 참고한다.

덴카라는 드라이 플라이dry fly 및 웨트 플라이wet fly 방식이다. 비가중(非加重) 플라이를 캐스팅해서 낚시하는 데, 크고 무거운 스트리머streamer 및 님프nymph를 캐스팅하는 것은 그다지 즐거운 일이 아니다. 덴카라로 즐길 수 있는 다른 장소와 방법은 작은 호수와 연못에서 카누와 카약이다. 이것을 이용하면 캐스팅에도 완벽하게 어울릴 수 있어서 좋다. 또 차가운 물이나 따뜻한 물에 서식하는 어류를 낚는 데도 좋다.

바람은 고려 사항이다. 바람에 날리는 플라이는 재미가 없을 뿐만 아니라 바람이 강하면 훨씬 더 고통스럽다. 바람에 던질 수 있을지라도 바로 플라이를 물 밖으로 내팽개쳐질 수 있다.

단순성 원칙에 따라 줌zoom 낚싯대를 회피하는 경향도 있다. 줌 낚싯대 한 대는 11 ft, 12 ft, 13 ft로 다

양한 길이로 낚시할 수 있다. 줌 낚싯대의 실제 문제로
는 두세 도구의 작업을 수행하려는 것이다. 아무리 훌
륭할지라도 동시에 두 가지 일을 하려고 할 때, 단 하나
의 일을 완수하는 데 집중하려는 것보다 훌륭하게 해낼
수 없을 것이다.

처음 덴카라 낚싯대 선택은 언제나 어렵다. 대부분
사람은 처음 낚싯대를 너무 짧게 결정한다. 가장 자주
낚시하는 지역을 평가하고 해당 조건에 꼭 맞는 낚싯대
를 선택해야 한다.

낚싯대는 길수록 낚싯줄을 더 잘 제어할 수 있고 표
류에도 자연스럽게 플라이 조작을 할 수도 있어 좋다.
그리고 낚시터 주변의 상황이 어려워지면 더 짧은 낚싯
줄만 바꾸어 사용할 수 있다.

어떤 좁은 상황에서 짧은 낚싯대에 긴 낚싯줄을 사
용하는 것보다 긴 낚싯대에 짧은 낚싯줄을 사용하는 것
이 훨씬 더 낫다는 것을 잊지 마세요.

덴카라 라인과 티핏의 선택

플라이 낚싯대처럼 플라이 라인과 티핏tippet(목줄)도
다양해서 무엇이 최선인지 공부를 꾸준히 해야 한다.

덴카라 라인은 전통적인 여러 가닥을 꼬아서 만든 것을 선택할 것인지, 가시성이 높은 모노필라멘트를 선택할 것인지도 개인적 문제에 따라 선택권이 주어진다. 언제나 그렇듯이, 가장 좋은 것은 당신의 취향과 당신이 하는 낚시의 종류이다. 물 위에서 수년 동안 겪은 결과로 얻은 경험을 바탕으로 한 것을 살펴봅니다.

덴카라 라인은 두 가지 일반적인 범주로 테이퍼 라인과 레벨 라인이 있다.

테이퍼 라인은 굵기가 작은 모노 필라멘트 여러 가닥을 함께 꼬아 만들며 굵기가 점점 가늘어진다. 전통적인 테이퍼 라인은 원래 말총이나 실크로 만들어졌다. 꿈결같이 드리워져 먼 거리에서도 물을 막아낼 만큼 가볍다. 불행하게도, 섬세하지만 부스러지기 쉽고, 좀 더 많은 관리가 필요하고, 질 좋은 말총 구하기가 점점 더 어려워지고 매우 고가이다.

그래서 현대식 테이퍼 라인은 나일론 모노필라멘트(모노), 플루오로카본(플루오로), 폴리에스테르 실, 스펙트럼 및 케블라를 포함한 다양한 재료를 사용하여 만들어진다.

덴카라의 캐스팅 라인으로써 레벨 라인은 거의 전

부가 플루오로이다. 다시 말하지만, 플루오로는 밀도가 커서 굵기에 대비한 캐스팅 성능이 더 높다. 레벨 라인은 전체 길이에 걸쳐 하나의 굵기를 갖는다는 사실에서 이 이름이 붙여졌다.

레벨 라인의 좋은 점은 가격이 저렴하고, 원하는 길이로 자를 수 있고, 내마모성이 좋다.

호칭은 클수록 바람에 더 나은 캐스팅이 되며, #3.5는 덴카라 낚싯대에 적합한 만능으로 간주할 수 있고, 물에서 잘 분리될 수 있을 만큼 가볍다. #3.0은 작고 무게가 없는 플라이에 사용하기 위한 것이며 바람이 잔잔할 때 사용한다. #2.5는 섬세한 크기로 민감한 낚싯대를 가진 숙련된 캐스터에게 좋고, 잔잔하고 얕은 물 같은 까다로운 조건에서 조심스러운 물고기에 사용한다.

낚싯대 끝에 매달린 라인이 너무 무거워서 늘어질 때 플라이가 의도된 경로에서 벗어나는 일이 발생할 수 있다.

눈에 잘 띄는 색상의 라인은 공중과 물 모두에서 라인이 어디에 있는지 정확히 볼 수 있게 해주기 때문에 초보자에게 유리하다. 그런 다음 더 많은 직관과 경험을 통해 시간이 지남에 따라 덜 눈에 띄는 라인을 사용할 수 있다.

한 가지 조언은 덴카라 캐스팅 라인은 일반적으로 길이가 낚싯대 길이와 같아야 한다는 것은 좋은 경험이지 원칙은 아니다. 실황에 따라 낚싯대보다 훨씬 길거나 짧은 낚싯줄로 낚는 것도 완벽하게 허용된다.

티핏tippet(목줄)은 물고기의 저항력이나 장애물에 걸리는 큰 장력으로부터 낚싯대를 보호한다. 목줄의 굵기는 0.8~1,5호가 사용되고 길이는 0.3~1.5 m 사이가 소요된다.

플루오로 목줄은 덜 보이고 더 빨리 가라앉고, 나일론 목줄은 더 나은 충격보호를 한다. 은밀한 님프 낚시에는 플루오로카본이 선호되고. 드라이 플라이 낚시에는 나일론이 더 잘 뜨며, 저렴하고, 환경에 더 좋다.

나일론은 자외선에 취약해 햇볕이 잘 드는 곳에 보관하지 말고 계절마다 교체한다. 플루오로는 몇 계절 동안은 안전하게 사용할 수 있다.

레벨 라인의 호칭

호칭(#)	직경(mm)	직경(inch)	강도(kg)
1.5	0.205	0.008	3.6
2.0	0.235	0.009	4.65
2.5	0.260	0.010	5.75
3.0	0.310	0.012	6.8
3.5	0.315	0.0125	7.5
4.0	0.330	0.013	8.7
4.5	0.355	0.014	10.4

테이퍼 라인과 레벨 라인 비교

	테이퍼 라인	레벨 라인
장점	· 우수한 턴-오버 · 섬세한 프레젠테이션 · 유연성 · 입질 감지 용이 · 제로 메모리 · 일부분 표류 가능	· 바람에 캐스팅 용이 · 발수 작용 · 비용 저렴 · 아무 길이로 절단 가능 · 비틀리지 않음 · 내구성
단점	· 늘어남과 뒤틀림 · 흡수 작용 · 비용 고가 · 고정 길이 · 얼어붙어 유연성 상실 · 더 큰 실루엣/그림자	· 더 많은 메모리 · 덜 유연함 · 나쁜 턴-오버

낚시와 건강

낚시와 건강이란 이야기는 낚시가 건강에 좋은 활동으로 전환될 수 있는지 함께 알아보는 것도 흥미로울 것이다.

새로운 것을 배우는 게 당신에게 좋다는 것부터 시작하겠습니다.

새로움이 부족하면 뇌가 약해진다는 사실을 알면 놀랄 수도 있습니다.

여행을 갈 때 당신은 거의 항상 새로운 것을 봅니다.

그런데 당신이 해외여행을 갔을 때 언제나 새로운 환경, 문화, 음식, 정보 등은 모두 당신의 뇌를 신선하고 활동적으로 유지하는 데 도움이 되었다.

그러나 사람은 아무리 좋은 곳을 여행하고 와도 집에 들어서는 순간 이렇게 외칩니다.

"집이 최고야!"

역시 집만 한 곳이 없습니다.

"왜일까?" 집에 관한 것이라면 모르는 것이 없고 특별할 게 없으며, 다만 편할 뿐인데?

방금 말한 데 답이 있다. 편안함, 집은 세상 어느 곳보다 편안함을 준다.

가령 운동을 하지 않던 사람이 내일부터 매일 조깅을 하겠다고 결심하지만(뇌의 일), 막상 당일이 되면 하지 않는 경우(몸의 일)처럼 말이다.

몸은 익숙한 환경을 좋아하게 되어있다. 불행하게도 많은 사람이 매일 같은 일을 하려는 함정에 빠지게 됩니다.

뇌의 경우 이러한 행동은 미덕이 아니다. 항상 같은 일을 함으로써 두뇌는 위축되는 경향이 있고, 반복은 두뇌를 게으르게 만들기 때문에, 깨어있는 상태를 유지하기 위해 늘 다른 일을 하려고 노력하는 것이 매우 중요합니다.

우리의 두뇌는 새로운 것에 자극을 받으면 잘 작동합니다. 왜냐하면, 그것은 사용하면 근육처럼 활력이 생기기 때문입니다.

새로운 일을 많이 할 수 있도록 기회를 제공하는 낚시를 활용해 봅시다.

늘 똑같은 기술을 사용하지 않고 새로운 기술을 배우고, 새로운 곳을 방문하고, 새로운 곳에서 낚시하고 한 번도 잡지 못한 물고기를 잡을 수도 있습니다. 이 모든 것이 마음에 활력을 불어넣고, 감각을 새로운 방식으로 사용할 수 있게 해 줄 것입니다.

변화에 열려있고, 호기심을 갖고, 새로운 것을 배우는 것은 우리가 더 많은 감정을 경험하고 자극적인 활동을 경험합니다. 자극적인 활동은 뇌의 가소성을 증가시키고, 치매 같은 인지저하를 예방하는 데 도움이 됩니다.

노화되어가는 뇌세포가 새로운 자극을 받으면서 활성화가 일어납니다. 놀라운 점은 뇌세포가 어린이의 뇌뿐만 아니라 성인의 뇌에서도 발달한다는 사실을 기억하기 바랍니다.

뇌세포 사이의 연결 부위가 많아질수록 정서적 유연성과 적응력이 함께 증가합니다.

스스로 낚시에 전념하는 것은 뇌, 창의력, 논리 및 독창성을 자극하는 활동이기 때문에 확실히 정신 운동입니다.

다행히도 당신의 즐거운 정신수련은 여기서 끝나지

않습니다. 당신도 과거의 낚시꾼들이 그랬던 것처럼 자기계발에 전념할 수 있기 때문입니다.

그리고 이는 자연스럽게 삶의 다른 모든 측면에 긍정적인 영향을 미칩니다. 왜냐하면, 우리가 하는 모든 일은 뇌와 관련되기 때문입니다.

우리는 낚시와 같은 행동이 어떻게 건강에 좋고 뇌가 젊고 탄력 있게 유지되도록 돕는지 알아보았습니다.

하지만, 더 많은 이점도 있습니다.

낚시하러 가는 것은 종종 자연 한가운데에서 스트레스에서 벗어나 휴식을 취하고 좋은 공기를 마시기 위해 꼭 필요한 것이며, 더 풍요롭게 삶을 살아갈 수 있다는 사실을 기억하기 바랍니다.

바다, 호수, 강, 시냇물 등 물을 바라보는 단순한 광경이 잠재의식 수준에서 안도감을 주고 마음을 진정시킨다는 사실을 알면 놀랄 수도 있습니다.

물에 가까이 있으면 더 편안해지고 차분해지며 물가와 야외에 있는 사람들이 평온하고 행복하다는 것은 이미 오래전부터 입증된 사실입니다.

이제 자연 속에서 낚시하고 싶어지지만, 다음 낚시 목적지가 어디인지, 얼마나 많은 물고기를 잡는지는 중요하지 않습니다.

무엇보다도 가장 중요한 것은 낚시를 즐기는 법을 배우는 것입니다.

장비를 가지고 집을 떠날 때 미소를 지으며 낚시의 모든 순간을 즐기도록 노력하십시오.

풍경을 즐기고, 오감을 자극하고, 강과 들꽃의 향기를 맡고, 시냇물의 소리와 자연의 소리를 들으며 그 가볍고 기분 좋은 산들바람에 몸을 맡기십시오.

낚시하는 날과 인생이라는 특별한 매 순간을 즐기는 것이 무엇보다 중요하기 때문입니다.

낚시를 통해 뇌세포가 활성화가 되면 낚시 자체를 계속해 즐기고 싶어지며 삶의 즐거움과 기쁨이 일어나는 순간입니다.

다시, 낚시다

퇴직 후 5년 동안은 하루도 빠짐없이 태화강을 찾았는데, 2017년 9월에 대구로 이사 온 이래부터 코로나19 전염병 때문에 수천 명이 죽어 나가는 위험에서 살아남기 위해서 제대로 된 낚시를 즐기지 못하고 있다.

다시 물가로 달려가고 싶지만. 수량, 수온, 수생곤충의 해치 및 장애물에 관련된 따끈한 정보도 갖고 있지 않다는 핑계 말마디만 늘어놓고 있다.

때때로 깊숙한 물의 경이로움에 사로잡히면서도 플라이 타이tie 할 기분이 나지 않았고, 게다가 함께 플라이낚시 갈 수 있는 친구조차도 없었다.

나는 오랫동안 하기 싫은 일을 덜 하기 위해 좀 노력했다. 나를 지키기 위한 노력이지만 반복했다. 그렇지만 내가 무엇을 원하는지 알고 있었다.

나와 다른 낚시 유형을 즐기는 이웃도 발견했다. 항

상 친근한 모습을 보였다. 그로부터 안방, 방앗간. 꽃밭, 텃밭과 같은 연상적인 이름이 포함된 시즌의 유망 명당목록을 들어주곤 했다.

나는 예전에 그런 장소에 대해 좀 들어본 적이 있었지만 들을 때마다 깊고 잠잠한 소(沼)에서 괴물이 출몰하는 멋진 이미지를 떠올리며 행복에 빠졌다.

지금 행복하지 않은 사람이 어느 날 갑자기 행복할 가능성은 없다. 행복은 체험이다. 많이 겪어본 사람이 더 자주, 쉽게 겪을 수 있다.

유년에 저금해 둔 행복을 한꺼번에 찾아 즐겁게 누리는 어른은 본적이 없었다. 참고 참은 아이는 욕구불만과 만성 스트레스에 시달리는 어른으로 자랄 뿐이다.

싫은 일을 덜 하고 불안감에 떨지 않으며 안전한 환경에서 나로 살기, 내 생김 그대로 살고 싶다.

가슴 뭉클한 우화 하나를 보겠습니다.

아프리카 숲에 불이 나서 숲속 동물들이 저마다 앞을 다투어 도망을 가는데, 크리킨디라고 하는 벌새만은 도망가지 않고 물을 머금고 와서 숲의 불을 끕니다. 그 모습을 본 다른 동물들은 다들 비웃었다. 네가 그런다고 무슨 소용이 있겠느냐며, 이런 비웃음에 크리킨디는 이렇게 대답합니다.

"그냥 내가 할 수 있는 일을 할 뿐이야." 크리킨디의 이 말마디는 나에게 "다시, 낚시다"로 생각을 추슬러 보게 합니다.

* * *

시즌 첫째 일요일에 나는 일찍 일어나 낚싯대, 태클, 김밥 두줄, 생수 한 병을 챙겨 스타렉스 승합차를 만나러 출발했다. 약속된 장소에는 이미 한 무리의 사내들이 기다리고 있었다.

나는 값비싸 보이는 장비를 소유한 낚시꾼들을 보는 데 익숙해졌지만, 너무 사치스러운 장비를 갖추고 있어서 옆에 서기조차 마뜩잖았다. 그들에게 내 낡은 낚싯대와 작은 태클은 마치 장난감 총을 들고 싸움터에 가는 소년처럼 보였을지도 모른다.

낚시꾼들은 나에게 기분 좋은 아침 인사를 했고 모두가 삶에 관한 우스개로 기뻐하는 것 같았지만, 내 생각엔 그들이 내 형색에 조용한 농담을 즐기고 있는 것 같았다. 마지막 회원이 산더미 같은 장비를 들고 현장에 나타나자마자, 신호처럼 모두가 먼저 시계를 본 다음 빈 거리를 바라보며 기대에 차 있었다. 스타렉스가 시야에 들어오자 모두 장비를 어깨에 걸칠 때 고리버들은 삐걱삐걱 소리를 내었다, 우리는 짐들을 챙겨 차량에 싣고 새벽의 황량한 길을 휙 지나 목적지로 달렸다.

* * *

거의 모든 낚시꾼이 잘 알고 있는 미스터리이다. 몇 시간 동안 한 모금도 먹지 않고 낚시를 하다 보면, 지루함에 못 이겨서 커피 마실 때가 됐다고 느껴진다. 가방을 열기 전에 낚싯대를 한쪽 거치대에 놓거나, 다른 적당하다 싶은 곳에 놓는 두 가지 중 하나를 한다.

보온병을 열어서 컵에 부으면 마법이 발동됩니다. 부지런히 낚시하던 그 모든 시간 동안 어두운 심연에는 아무것도 움직이지 않았다.

실제로 물속의 모든 물고기는 나와 나의 미끼에 매우 조심스럽게 머뭇거리고 있었다. 그런데 커피가 컵을 채우기 시작하자마자 수중에 있는 모든 어종은 열심히 먹기 시작한다.

필사적으로 낚아채려 시도하면서 끓은 뜨거운 커피를 무르팍에 흘린다. 그와 동시에 고통으로 나는 공중으로 높이 도약하면서 낚싯대 거치대를 걷어찹니다. 보온병은 망가졌고, 커피는 컵에서 쏟아졌고, 당연히 챔질도 놓쳤다.

더욱이 불경스러운 소동으로 물고기는 겁을 먹고 하루 내내 먹지 않았다.

* * *

몇 년 전 11월 초순 경북 북부 지방의 반변천에 낚시를 갔을 때, 주위 경관을 살피고 있었다.

이른 아침 개울은 서리로 인해 회색으로 덮였고, 사과나무의 마지막 잎사귀 한두 잎만 남겨두고 있었다.

드디어 첫 겨울에 든 것 같다. 하늘은 높아 보였다. 그런데 조금 불안했다.

비 올 예보도 없었는데 갑자기 하늘이 어두워지더니 개울은 이내 큰 물로 넘치게 되었다. 계류에서 여기저기로 헤맸던 때가 생각납니다. 물은 천둥소리를 내며 휩쓸고 지나갑니다.

굴곡 안쪽은 엄청 큰 소용돌이와 격렬한 흐름으로부터 피난처가 될만한 곳을 눈 씻으며 찾고 찾았다.

나무들이 나란히 선 제방 가장자리에 도달하자마자

비는 다시 세차게 내리기 시작했다. 내 모자에서 빗방울은 처마처럼 챙을 타고 어깨주위와 등으로 흘러 내렸다.

빗방울은 더욱더 거칠어지고, 개울을 가로지르는 징검다리까지 잠기기 시작되자 완전히 고립될 것 같았다. 서둘러 숙소로 되돌아 황급히 뛰었다.

나중에 온화한 날 그곳을 찾을 수 있다면 대박을 칠 두세 곳을 마음에 새겨두었다. 그리고 일주일 후 조용한 소용돌이를 찾아 찬찬히 둑을 따라 올라갔다. 유망해 보이는 불쑥 내민 갈대 언저리에 잔잔한 물이 흐르는 좁은 띠에 도달했다, 그 바로 옆에 구멍이 있다는 것을 알아냈다.

그 이후 훨씬 더 큰 구멍을 찾았고, 거기에서 모든 비밀의 문은 열렸다.

* * *

나는 항상 백천교에서 상류로 긴 산책을 즐겼다. 그것에 익숙할 뿐만 아니라 때로는 물고기 떼에 놀랍기도 했었다.

강의 해당 구간에서 낚시는 점촌교 아래나 위쪽의

여울 지역과 상류 입암보 아래와 선바위 상류 여울까지이다.

이 구간 산책은 내 기분과 물고기의 기분에 따라 온종일 걸릴 수도 있으며, 어쩌면 두 시간 정도 걸릴 수도 있다.

도중에 가장 좋아하는 소(沼)와 얕고 조용한 여울을 지켜보는 데 많은 시간이 걸렸다. 게다가 그곳은 은어와 끄리, 그리고 누치와 강준치도 많았고, 가끔은 숭어도 뛰어올랐고, 산란 철에 바다에서 올라온 황어도 많았다.

그렇지만, 이전의 국궁 활터가 있던 강가는 황금 포인트 이였는데, 지금은 고속도로 교각이 세워졌고 강변은 파크 골프장으로 가꾸어 져서 이제는 낚시꾼이 접근할 엄두도 못 냅니다.

태화강이 있어 대밭이 더욱 아름답다면, 우리는 강의 아름다움을 잘 드러나도록 해야 한다. 민낯이 고운 여인과 같은 출중한 태화강인데, 이 멋진 강을 우리는 너무 함부로 손을 대고 있지 않습니까?

한때 아주 좋아했던 노래였는데, "깊은 산 오솔길 옆 자그마한 연못엔 지금은 더러운 물만 고이고 아무것도 살지 않지만, 먼 옛날 이 연못엔 예쁜 붕어 두 마리 살고 있었다고 전해지지요. 깊은 산골 작은 연못" 김민기가 작사 작곡하고 양희은이 부른 작은 연못이다.

잘 닦여진 산책로를 따라 걷다 보면 물고기들이 보이지 않는다. 낚시꾼도 보이지 않는다. 연못이 붕어의 삶터이듯 똑같이 강가도 역시 벗어날 수 없는 낚시꾼의 삶터이다.

* * *

1990년대 교수들과 유럽 여행을 갔을 때였었다. 프랑스의 낚시 가게에서 많은 낚시용품 중에 눈이 확 뜨인 것이다. 그것은 처음 보는 덴카라 도구이었다. 그 당시에는 플라이낚시에만 열중할 때였기 때문에 덴카라에는 안중에도 없었다.

정년퇴직 2년을 앞둔 2010년부터 너무 번거롭지 않고 가볍게 떠날 수 있는 낚시법을 생각하다가 찾은 것이 덴카라 낚시이다. 원래 덴카라 낚시는 최소량 낚시 도구로 비교적 원거리 이동을 하며 계류 어종을 노리는 것이 목적이지만, 요즈음은 근거리 낚시로 도시근교의 강이나 하천에서 잡을 수 있는 피라미 같은 소형과 끄리, 누치, 강준치 같은 어종을 상대로 홀로 낚시를 합니다.

사람은 마음을 쓰고 싶지 않을 때 숨는다. 정확히는 마음을 다치고 싶지 않을 때 숨는다. 요새는 마음뿐 아니라 몸을 다치지 않기 위해 숨는다.

전염병이 돌고, 병을 옮길 수 있어 얼굴을 가린 채 집을 나서고, 공원 벤치에 옆 사람과 거리 두기 문양이 쓰여있는 시대에 살고 있다.

낯선 사람을 보거나 낯선 환경에 처할 때는 긴장이 된다. 왜냐고? 살기 위해서, 위험에서 벗어나기 위해서, 생존을 위해서 그러는 거다고 봅니다.

이제 80세라는 날을 앞에 두고 나서야 세상에서 편히 숨는 법을 배웠다. 개울가의 숲과 바위는 숨기에 완벽한 곳이다. 현대사회에서는 혼자 있고 싶은 모두가 은둔자다. 은둔(隱遁)이 안전 벨트가 되어주기도 한다.

정말 하고 싶은 낚시를 할 때는 혼자 갑니다. 숨기 위해서, 개울 곁에 나만 내놓기 위해서, 책을 혼자 읽는 것처럼 은둔은 사람을 자유롭게 한다. 먹지 않고, 자지 않고, 만나지 않고, 놀라지 않고 …, 무언가를 하지 않을 자유는 할 수 있는 자유보다 더 자유롭다. 그렇지 않습니까?

아무것도 안 할 자유를 얻기 위해 나는 은둔자로서 홀로 낚시를 한다.

* * *

"작은 것이 아름답다"란 책을 출간한 독일의 경제학자 에른스트 슈마허Ernst Schumacher는 대량생산과 대량소비를 향해 멈출 줄 모르고 달리는 경제가 아닌, 사람을 중시하고 자연 생태계를 존중하는 경제를 제안했다. 작은 것들이 건강하고 착한 인간 중심의 경제가 가능하다는 이야기다.

그동안 너무 오랫동안 경제개발 논리, 속도전에 젖어 살아와서 그런지 너무 큰 것, 빠른 것, 뛰어난 것, 앞서가는 것만 선호했다. 그러다 보니 작은 것, 평범한 것, 소박한 것은 소중함과 가치는 어느새 뒷전이 되고 말았다.

낚시도 마찬가지다. 우리 바다, 강, 하천, 호수의 생태 보존과 오염을 줄이기 위해 최소량의 장비로써 밑밥이 소용없고 쓰레기조차도 발생하지 않는 덴카라 낚시를 다시 찾는 이유도 여기에 있다.

* * *

　사실 나는 재미있는 일은 집 밖에 있다고 생각한다. 외출은 즐겁고 여행은 설레고 모험은 짜릿하니. 행복을 느끼려면 밖으로 나가야 한다고 믿는다.

　그런데 몇 년 전부터 미세먼지와 황사 탓에 나들이가 녹록지 않아지더니, 언제부터 전염병까지 더해져 집 밖을 나가는 게 위험한 일이 되어버렸다. 외출은 불편하고 여행도 어렵게 되었으니, 생각을 바꾸기로 한다. 바깥세상을 즐길 수 없다면 집안에서 즐길 수밖에 없을 텐데 ….

　'물은 셀프입니다.'

　식당에서 종종 자주 대하는 말마디다.

　마시는 물까지 일일이 대접해드리지 못하니 손님이 직접 따라 마시라는 뜻일 테다. 낚시도 마찬가지다. 기다리지 말고, 내가 스스로 챙겨야 한다. 집에서 DIYDo it yourself 플라이 묶기와 소품 만들기는 위험한 세상에서 살아남을 수 있고 정신 건강에도 좋은 소일거리이다. 나 스스로 가장 편한 안식처가 되어야 한다. 나 아닌 다른 곳에 발을 디디고 있으면서 삶이 안온하길 바랄 순 없다. 지금 있는 곳이 내내 불편하다고 느낀다면 우선 떠나야 한다. 나로부터 떠나야 나에게로 돌아올 수 있습니다.

어둠의 입장에서는 빛이 밤의 구멍이라는 놀라운 통찰을 텐트 안에 들어온 반딧불이를 바라보듯 봅니다.

조사(釣師)의 노래

마음에 깊은 사랑이 있으면
그 사랑만이 고귀하여라.
어떤 이는 사냥개를 사랑하고
어떤 이는 매를 사랑하며
어떤 이는 테니스를 마음껏 즐기고
사랑하는 이의 팔에 안겨 이 세상의
행복을 꿈꾸는 사람도 있으나
나 홀로 낚시를 즐기네.
사냥에는 위험이 따르기 마련
매장이도 또한 산과 들 헤매네,
도박은 마음을 어지럽히고
사랑의 천사는 몸의 파멸
낚시의 길만 아무 우환 없네.
이 세상에 즐거움 태산같이 많으나
내키는 대로의 낚시가 제일

다른 오락은 쉬 지치게 될 뿐
낚시만이 홀로 즐길 수 있고
자유로운 천지를 노래한다네.
하나 우리는 바다를 생각지 않네.
맑게 흐르는 강가에서
그 고요한 물결을 지켜보며
내 생애를 돌이켜 본다.
나 또한 저 흐름이 되어
흐르고 흐르며 세월을 잊네.
소녀처럼 수줍어하는 송어여
그대가 미끼를 단숨에 삼켰을 때
이따금 나는 죄의식에 사로잡힌다.
그대가 유혹에 걸려들지 않을 때
욕심에 양심을 파는 사람들을
생각하며 하느님에게 기도드리네.
하나 우리는 낚싯줄을 드리운다.
잠시 식사조차 잊고
하늘의 베푸심이 나타났을 때
나 벗들 불러다
즐겁게 밥상에 둘러앉네.

잡은 물고기 먹는 것 즐겁건만

아무 조과 없어도 마음은 고요해.

행복은 나와 함께 있네.

그리고 하느님도 나와 함께 있네.

하늘은 물고기를 잡는 어부를

사람의 마음을 낚는 어부라 하셨으니

그 어부보다 더 큰 즐거움 없으리.

낚싯줄 늘어놓고 하늘에 감사하네.

우리가 사랑하는 그리스도는

인간 세상에서 선택된 최초의 인간에게

어부의 이름을 주셨으니.

하느님은 임종 때 물고기를 드셨노라

하여 나 또한 강가에 서서

하늘의 뒤를 따르는 자 이러라.

아이작 월턴(Izzak Walton 1593 ~ 1683)

2001년 세 번째 밀레니엄 시작되는 해를 맞이할 즈음 최신 제조공학기술에 관한 강의를 위해서 매우 바쁜 시기에 허리 디스크로 1년 동안 무척 고생하다 결국 수

술해서 장애인 판정을 받은 후 무거운 짐과 술을 멀리하며 바른 걷기 연습을 했다.

2002년 가을부터는 체력적으로 힘든 운동과 무거운 차림으로 해왔던 낚시보다는 가벼운 차림으로 할 수 있는 플라이낚시에만 치중했다.

발걸음도 가볍지 않고 둔해져 그런지 개울가에 앉아서 쉬는 시간이 잦아졌다. 그럴 적마다 "조사의 노래"로 추상(推想)하며 행복한 자연의 향기 안에서 물소리, 바람 소리에 잠잠히 몸을 내맡기는 게 좋았다.

조사의 노래는 1970년대에 월간 잡지 "낚시춘추"에 게재(揭載)되기도 했는데, 안동림의 조어대전(釣魚大典/1980,4,1초판)에서 옮겨 보았습니다,

아이작 월턴Izzak Walton은 1593년 8월 7일 영국 스태포드에서 태어나 18세 무렵 런던의 철제 상점의 점원으로 일하다 독립하여 스스로 철제 상점을 경영하게 되었다.

월턴이 살던 시대의 영국 문학사적인 면에서 본다면 철학의 프란시스 베이컨, 그리고 너무나도 잘 아는 세계적인 극작가 셰익스피어, 시인 밀튼, 철학자 홉스, 물리학자 뉴턴 등 다방면의 분야에서 활약하고 있는 사

람들이 살았다.

원래 뛰어난 사교성으로 당시의 유명한 지식인, 극작가와 교제하면서 낚시 외에도 각종 저술을 통하여 문학자로서의 업적을 남겼다.

1653년 5월 그의 나이 60세 되던 해에 "조어대전"을 출판하였다. 낚시라는 행동을 "명상하는 사람의 레크리에이션"이라는 부제를 달아 정리한 이 조어대전은 370여 년이 지난 오늘날까지 수많은 낚시인에게 "낚시인의 바이블"로 일컬어지고 있다. 1683년 12월에 90세의 나이로 세상을 떠났다.

삶을 위한 낚시 인문학

행복하게 낚시하기 위해서는 옛 선조들은 낚시를 어떻게 봤는지 공부하는 것도 좋은 일입니다.

이것은 역사가 존립하고 있는 기반이자, 인간의 사상 및 문화를 풍부하게 만들어온 인문학이기 때문입니다. 우리가 낚시를 공부해야 할 이유가 여기에 있습니다.

인간이 식료(食料)를 얻기 위해 낚시를 한 것은 후기 구석기시대까지 추적되는데, 고대 그리스 신화에서는 듀칼리온Deucalion(프로메테우스의 아들, 아내 피라와 함께 홍수에 살아남아 인류의 조상) 홍수 때 벨루스Belus(바다의 신 포세이돈의 아들)가 낚시를 발명하고 시작했다고 합니다.

또한, 아담Adam(인류의 조상)의 아들인 세스Sath(아담의 셋째 아들)가 그의 아들들에게 낚시를 가르쳐 그것이 전해졌다는 말도 있습니다.

물론 여러 고고학자의 유래는 충분히 입증하고도

남을 만큼 낚시의 유래는 더 오래될 수도 있습니다.

오늘날까지 기원전 1300년경 고대 이집트의 무덤에서 나온 그림과 일본에서 바늘이 발견되었다. 이 뼈 낚시 바늘은 조몬Jomom 시대의 것으로 약 2300~2100년 전의 것이다.

기원전 5세기에 이르러서는 나무나 풀의 줄기로 만든 찌가 나오며 낚시꾼은 찌가 가라앉는 것을 보는 순간 물고기의 입질을 알았다고 합니다.

명주실로 낚싯줄을, 예리한 바늘로 낚싯바늘, 대나무로 낚싯대를 만들어 인조 미끼로 잡았다는 기록도 있습니다.

식료를 얻기 위한 생존형 고기잡이에서 취미나 스포츠형 고기잡이로 부류(部類)된 과정이 언제부터인지를 알 수는 없지만, 어부(漁夫)가 어부(漁父)로 표기하기부터라고 해도 무관하지 않을 듯합니다.

漁夫(생존형 고기잡이) : 漁父(취미형 고기잡이)

생존형 고기잡이는 앞서 말한 조몬 시대에는 물고기가 중요한 식량이고 줄무늬가 있는 토기를 쓰는 어부들이었다.

그들은 어획물을 말리거나 염장 처리해 식량이 부족한 달을 대비해 저장소에 보관했다.

어부가 잡은 물고기가 없었다면 파라오는 피라미드를 세우지 못했을 테고, 또 캄보디아의 그 웅장한 앙코르와트 사원도 현재와 같은 위용을 뽐내지 못했을 것이다.

수메르든, 이집트든, 로마든, 은나라든, 마야든 간에 그 문명은 무명의 노동자 수천의 수고를 분발시켰다. 이들 노동자는 신전과 무덤과 공공건물을 짓고 왕족뿐만이 아니라 관료들을 먹여 살릴 양식을 생산하도록 몰렸다.

그 노동자들 가운데서도 가장 필요하지만 가장 무명인 존재가 바로 어부였다. 생존형 고기잡이는 가족과 친척이나 공동체, 경우에 따라서 가까운 이웃이나 먼 이웃까지도 먹여 살렸다.

취미형 고기잡이에는 낚시하지 않거나 낚시를 모른다면 유명인사 축에 끼지 못하는 나라들도 있다. 그 가운데서도 미국의 대통령선거 때는 후보자가 내세우는 개인적인 취미나 사회활동 가운데 「낚시」를 즐긴다는 한 대목이 당연히 끼어 있기 마련이다.

어쨌든 낚시 인구는 대강 그 나라 인구의 10~20% 정도인 것 같다. 우리가 그렇고 미국, 일본 등이 그렇다. 그러면 세계적으로 낚시는 고상한 취미요, 스포츠로 인정받고 있음이 사실이다.

17세기 영국에서 젠틀맨의 스포츠를 펴내 베스트셀러로 유명해진 저버스 마컴Gervase Markham은 특별히 낚시에 대해 "이것에는 다른 스포츠에서 지배적으로 나타나는 요소인 탐욕, 기만, 격렬한 갈망이 없다."라고 말했다. 다른 스포츠는 내기에 걸린 돈이 궁극적 목적이어서 거의 강도와 비슷한 형태를 보이는 데 반해 낚시는 그러하지 않기 때문입니다.

로마 시대에 안토니우스나 클레오파트라가 낚시에 열중하여 낚시꾼으로도 명성을 얻고 있었다.

안토니우스는 클레오파트라의 환심을 사기 위해 잠수부를 시켜서 몰래 자기 바늘에 고기를 끼우려 하였는데 이것을 미리 알아차린 클레오파트라는 안토니우스의 바늘에 소금 절인 고기를 끼웠다는 유명한 일화가 플루타크의 영웅전에 나와 있다.

중세 유럽에서 엘리트의 이상은 두 가지 유형이 있

었는데, 기사는 육체적 측면을 성직자는 정신적 측면을 표상했다. 사냥은 왕과 귀족들이 즐기는 대표적인 스포츠였다. 특히 매사냥은 그들 사이에 각광을 받는 스포츠였지만 잔혹함에 즐거움을 찾는 것은 옳지 못하다는 주장이 자주 제기되었다.

이런 분위기에서 최고의 귀족 스포츠로 군림해온 매사냥은 쇠퇴하게 되었고, 대신 주목을 받게 된 스포츠가 낚시이다.

낚시는 특히 성직자에게 호소력이 높은 요소를 갖추고 있었는데, 신약성서에 물고기가 나온다는 점, 사냥과는 달리 중세 교회로부터 금지된 적이 없다는 사실, 그리고 철학적이고 명상적인 순수한 오락이라는 인식이 그것이었다.

따라서 낚시야말로 가장 해가 되지 않고, 필요한 것으로 성인들의 스포츠 혹은 레크리에이션으로 전해 내려왔고, 역대 교황 성하 대부분이 즐겨온 스포츠이었다.

중국에서 당 및 송 시대의 시문(詩文) 중에도 낚시가 읊어지는데 문인, 묵객, 혹은 퇴직 관료들이 낚시를 즐겼다는 경우도 있다.

다음은 두보(杜甫)의 시이다.

마을을 안아 강이 흐르는데

(淸江一曲抱村流: 청강일곡포촌류)

긴 여름의 대낮은 한가롭기만 하구나

(長夏江村事事幽: 장하강촌사사유)

제비는 멋대로 처마를 나들고

(自去自來樑上燕: 자가자래량상연)

갈매기는 가까이 가도 날줄을 모른다.

(相親相近水中鷗: 상친상근수중구)

어멈은 종이에다 바둑판을 그리고

(老妻畫紙爲棋局: 노처서지위기국)

애놈은 바늘을 두들겨 낚시를 만든다.

(稚子敲針作釣鉤: 치자고침작조구)

시간이 정지해 버린 듯 느껴지는 여름의 긴 대 낮을 잘 묘사하고 있다. 그런 이글이글 타오르는 태양의 열기의 햇볕을 피해 담벼락 그늘에 숨어 내일의 풍요로움을 기대하며 바늘을 두드린다.

어린 시절에 누구나 한번은 해보았던 일이지만 틈만 나면 계곡이나 바다나 물가를 찾아 낚시를 즐기게

106

되고 또 그것이 스포츠화되었다.

낚시는 진정으로 분주한 사람, 정신노동 해야만 하는 이들의 구겨진 정신, 때 묻은 정신을 말끔히 세탁하여 주는 차원 높은 취미라고 할 수 있다. 따라서 낚시는 낯선 것도 진귀한 것도 아닌 더 나은 하루를 위한 스포츠요 레크리에이션이다.

인문학적 감수성은 낚시 서적 사이에 특이한 책이 있다. 고기 낚는 방법에 대해서는 전혀 언급하지 않았는데도 중요한 점을 설명하고 있다는 것이다.

낚시를 좋아하지 않거나 한 적이 없는 사람에게 낚시는 지루하며 약효가 좋은 수면제일 뿐이지만 낚시의 바다에 한번 과감히 뛰어들어가 봅시다.

아주 오래전에 '어부의 노래'라는 「어부사」라는 작품이 있었다. 중국 초 나리의 굴원이 지었다고 하는데, 굴원이 살았던 BC 300년 전후 지금으로부터 2300년 전에 지어진 작품이다. 이 작품에는 두 가지의 대조적인 인생관이 나타나 있어 후세에 두고두고 입에 오르내리고 있는 명작이 되었다.

그 두 가지란 바로 굴원과 어부의 인생관이다. 굴원은 재능과 도덕성을 겸비한 엘리트고, 어부는 물고기를 잡으며 이름 없이 살아가는 평범한 사람이었다.

굴원이 정치적으로 패배하여 유랑 시절에 어부를 만났다. 어부는 굴원을 보고 "세상이 진흙탕이면 자신도 그 흙탕물을 함께 일으키고, 세상 사람이 다 취해 있으면 자신도 그 술지게미라도 먹으면서 어울려라." 했다.

그러나 굴원은 이런 제의를 받아들일 수 없었다. 자신은 "새로 목욕을 한 자는 옷을 털어서 입게 마련인데, 어떻게 깨끗한 몸으로 세상의 더러움을 받아들일 수 있겠는가, 차라리 강으로 몸을 던져 물고기의 밥이 될지언정 그렇게 할 수 없다"라고 하면서 자신의 방식을 고집했다.

어부는 마침내 대화를 포기하고 스스로 노래 한 소절을 부르며 배를 저어 떠나가 버린다.

창랑의 물이 맑으면 내 갓끈을 씻고

滄浪之水淸兮 可以濯吾纓
창랑지수청혜 가이탁오영

창랑의 물이 흐리면 내 발을 씻으면 될 것을

滄浪之水濁兮 可以濯吾足
창랑지수탁혜 가이탁오족

굴원은 지사(志士)의 전형이요. 어부는 은자(隱者)의 전형이다. 지사의 눈에 보이는 세상은 모두가 더럽고 타락하여 함께하기 어려운 존재이다, 은자는 세상은 흘러가는 하나의 과정인데 거기에 나를 지나치게 내세우는 것은 서로 도움이 안 되는 처지이다.

그래서 세속의 시시비비에 휩쓸리기보다 자연의 근원적인 의미를 찾고 음미하는 것이 더 중요하다고 생각한다.

따라서 '어부'는 고기잡이를 단순히 취미로 삼는 정도를 넘어서, 불필요한 세속적 시비를 떠나 유유자적하며 더 깊은 삶의 의미를 탐구하는 은자의 태도를 함축하고 있다.

어부의 뜻이 낚시에 있는가, 아니면 다른 무엇에 있는가? 성인군자와 현자들은 낚시를 어떻게 보았을까요?

공자는 "취적비취어(取摘非取魚)," "조이불망(釣而不網)"이라 했다. 즉, 고기 낚는 멋과 재미를 취하되 고기를 취하지 않는다거나, 낚시할지언정 그물로는 하지 말라는 뜻이다. 그물질은 어부들의 행위로서 크고 작은 고기의 남획을 아쉬워했다.

노자는 "큰 나라를 다스리는 것은 작은 물고기를 졸이는 것과 같다"라고 했다. 작은 물고기를 졸이는 때 졸여지는 상태를 보기 위해 뒤집거나 젓가락으로 뒤적거리면 그것은 졸여지기 전에 흐트러지므로 작은 물고기를 졸이는 때는 그냥 두는 것이 잘 졸이는 것이다. 너무 서두른 나머지 일을 그르친 것을 우리는 많이 보아왔기 때문이다.

하루 내내 찌만 뚫어지게 보며 무위(無爲)로 시간을 보내는 것이 어쩌면 공허하다 하겠지만, 무위한 낚시가 긴 인생에서 볼 때 언젠가는 유위(有爲)한 결과를 낳을 수도 있으며 그것은 먼 훗날 수확을 위해서 씨앗을 뿌리는 것과 같은 이치입니다.

마컴은 뛰어난 낚시꾼은 학자와 같아야 한다. 자신의 학식을 으스대거나 무례하지 않게, 진실 되고, 정확한 용어로 말하고 쓰는 법을 아는 사람처럼 낚시꾼이란 무릇 "자연을 찬미하며 모든 선goodness(善)을 만들어 낸 작가를 칭송하며 작은 만족에도 큰 감사를 보여야 한다."고 말한다.

물질문명을 통렬하게 비판한 자연 철학자인 헨리 데이비드 소로Henry David Thoreau는 "많은 사람이 평생

낚시를 하면서도 낚시의 목적이 결코 물고기 자체가 아님을 알지 못한다"고 했다.

아이작 월턴Izzak Walton은 낚시를 매개체로 삼아 바람직한 인간상을 제시하며 인간이 갖추어야 할 미덕에 대해서 "낚시는 역사가 오래되고 배우기 어려운 예술의 하나이다."라고 말했다.

지금까지 보아온 모든 것을 종합해보면, 낚시의 본질은 물고기를 잡는 것이 아니라 삶을 반추(反芻)하는 명상(瞑想)에 있으며, 낚시는 결코 게으름뱅이의 전유물이 아니며, 정직과 절제라는 중용의 미덕이라는 것입니다.

나가면서

플라이낚시를 배워보려고 하는데 너무 복잡해 힘들다고 호소는 사람이 많아 보다 쉽게 배울 수 있는 덴카라낚시에 맞춰 「잠잠함 쬠」에 담아 보았습니다. 낚시기술은 하늘에서 뚝 떨어지는 것이 아니며 체험을 통해 얻어집니다.

이 책자는 덴카라낚시의 역사와 매력 및 기술에 대해서 보다 잘 이해하는 데 도움이 되도록 꾸며보았습니다.

그러나 많은 이론을 설명하는 것보다 실제로 연습을 통해 숙달하도록 우리의 실천적 노력이 필요합니다.

그리고 그 현장에서 느끼고 체험한 것이 자신의 것으로 전환될 뿐만 아니라 어떤 간단한 것일지라도 열림과 초월 작업이 되어야 합니다.

내 낚시 나이테의 시공간을 넘나들며 반복되는 생성과 소멸의 이야기에 부족함에서 온전함을 찾을 수 있기를 바랍니다.

안젤름 그륀 신부님의 「하루를 살아도 행복하게」에서 과거는 아무리 후회해 봐야 바꿀 수 없고, 내일은 어떤 일이 벌어질지 아무도 모릅니다. 오늘보다 더 중요한 일은 없습니다. 오늘을 즐겁게 살도록 하고, 오늘 당장 무언가를 배우라고 합니다.

낚시꾼은 누구나 어제보다 나은 오늘, 달라질 내일을 꿈꿉니다.

그러므로 무엇보다도 낚시에 관심을 가지고 이 책을 집어 들고서 읽고 계신 당신께 감사를 드립니다.

그리고 보잘것없는 저의 글을 멋있게 책으로 만들어주신 북스힐 관계자 여러분께 특별히 감사드립니다.

덴카라 플라이
잠잠한 꾐

초판 인쇄 ǀ 2024년 11월 05일
초판 발행 ǀ 2024년 11월 10일

지은이 ǀ 이 재 철
펴낸이 ǀ 조 승 식
펴낸곳 ǀ (주)도서출판 북스힐

등 록 ǀ 1998년 7월 28일 제22−457호
주 소 ǀ 서울시 강북구 한천로 153길 17
전 화 ǀ (02) 994−0071
팩 스 ǀ (02) 994−0073

홈페이지 ǀ www.bookshill.com
이메일 ǀ bookshill@bookshill.com

정가 12,000원

ISBN 979−11−5971−635−5